AF175766

Prefacio

Puedes verlo como quieras: son estas memorias o es solo una secuencia de hechos en mi vida. Me gustaría decir que en el momento en que experimenté esto, yo opinaba que esto era correcto. Casi no recibí ningún consejo de familiares o amigos sobre si eso era lo correcto o no. Pero siempre fue una cuestión de si lo habría tenido en cuenta. Por supuesto, en el transcurso de las siguientes páginas siempre hay lugares en los que estoy al borde de la legalidad. Pero como esto sucedió hace algún tiempo y personalmente mantengo lo que hice o no hice entonces, no veo ningún problema si surgen estas consecuencias. Si esta es una vida plena o feliz, no depende de mí, sino del lector, pero al final sacaré una conclusión.

Diciembre de 1959 hogar

A finales de 1959 vi la luz del día en Viena, aunque estuve allí pero apenas lo recuerdo. Llegó como el segundo en nacer, mi hermano ya tenía 6 años en una familia de Suabia del Danubio. Para explicar mis orígenes: al final de la Segunda Guerra Mundial, mis padres fueron expulsados de lo que hoy es Serbia por partisanos a punta de pistola y sus vidas fueron amenazadas. Como pertenecían al grupo de etnia alemana (suevos del Danubio), su lengua materna era el alemán, lo que significaba que también podían hablar serbocroata. Sus antepasados fueron asentados actualmente por Prinz Eugen en lo que entonces era Yugoslavia para fortalecer la infraestructura allí, lo que también lograron. Durante la agitación de la Segunda Guerra Mundial, fueron expulsados por partisanos tanto del norte como del sur con la amenaza de sus vidas. Para entonces habían alcanzado prosperidad y reputación, donde no había hostilidad alguna entre los yugoslavos que vivían allí y la población de habla alemana. Mis padres y su familia fueron recibidos en 1944 con las palabras: ¿Qué estás haciendo allí? ¿Por qué hablas alemán tan bien? Ábrete camino a escondidas. En ese entonces era solo la recepción de "extranjeros". Hoy ya no se puede imaginar. Bueno, de vuelta a mí. Tuve una infancia fácil, al menos hasta los 10 años. Mi padre se dedicó a su oficio que ya había aprendido en Serbia y mi madre era, como todavía era la costumbre en ese entonces, ama de casa. Hasta donde los medios de mis padres lo permitían, conseguí de todo, desde juguetes hasta bicicletas y cosas por el estilo. En el verano fui a una casa de huéspedes en el sur de Baja Austria todos los años con mi hermano y mi madre durante dos o tres semanas. Mi padre, como tenía que trabajar durante la semana por motivos económicos, vino el viernes en ciclomotor y se quedó hasta el domingo. Cabe señalar que mi padre solo obtuvo su licencia de conducir en 1972. En ese momento también conocí a una familia que vivía cerca de la pensión. Había dos hijas en esta, una cinco años menor y la otra un año mayor. Significa que el mayor ya me ha conocido con pañales.

Escuela de septiembre de 1966

Inicio de mi carrera escolar. En la escuela primaria, estaba en una clase de varones. Una graduada de la entonces Pädag se presentó como profesora. Tenía unos 25 años y, por lo que yo sabía, era una mujer hermosa. Todavía recuerdo una anécdota que me impactó bastante en ese momento. Al comienzo de mi día escolar, me acerqué a mi madre y le dije lo siguiente: Tú, madre, la maestra se pintó los dedos de un rojo brillante. ¿Cómo puedes hacer algo así? El trasfondo era que la maestra Ulrike solo se había pintado las uñas, lo cual no era todos los días para mí en ese momento. Creo que mi madre se volvió hacia un lado en ese momento y probablemente tuvo que sonreír, luego me explicó de qué se trataba. Bueno, me gradué de la escuela primaria con muy buenas notas además de pintar y dibujar. Pero también tenía respeto por el maestro, que castigaba las ofensas con "pararse en la esquina". El camino al colegio, entonces todo a pie, siempre fue un reto, porque siempre había uno, dos o tres compañeros de colegio con los que podías hacer malabares en la acera.

Escuela secundaria de septiembre de 1970

Después de que seguí soñando con el trabajo de mis sueños "médico" a esta edad y mi certificado de escuela primaria fue en consecuencia, mis padres me inscribieron en la escuela secundaria en el distrito vecino. En 1969, mi padre había devuelto su licencia comercial para la reparación de botellas de agua con gas porque ya no era rentable y se dedicó a un nuevo trabajo, a saber, la venta de periódicos. Eso significa que vendió el diario más grande de nuestro país como colportor por la noche hasta alrededor de las

11 de la noche. Como esto era medio rentable, mi madre también empezó a vender periódicos. Esto les ha permitido ahorrar mucho dinero a lo largo de los años, a los dos, es decir, a mi hermano y a mí, no se descuidaba el bienestar. Bueno, ahora estaba en el primer grado del bachillerato humanístico. Los lunes siempre había matemáticas e inglés uno tras otro. Bueno, eso fue a la mitad por un tiempo, pero después de un tiempo me enfermé y mis padres me escribieron una confirmación de que estaba enferma. Pero como el personal docente no me quitó este papel, lo guardé. Ahora el lunes con el inglés y las matemáticas me resultaba cada vez más repugnante, así que se me ocurrió la idea de volverme "azul" uno u otro lunes y no ir a la escuela. Luego presenté la confirmación de que yo mismo estaba enfermo con la firma de mis padres. Bueno o no, duró un tiempo, pero de repente mis padres recibieron una citación para ir a la escuela. Por supuesto, se les preguntó acerca de mis días perdidos y las calificaciones resultantes y, en consecuencia, se sorprendieron o decepcionaron de mí. La consecuencia de esto fue que la escuela me condenó a un "cataclismo" (4 horas de castigo por escribir solo en la escuela). Hasta

donde yo sé, este tipo de castigo ya no existe en la actualidad. Finalmente, el año escolar terminó con dos cinco. Eso significa que tuve que repetir la primera clase, como todavía se requería en ese momento.

Septiembre de 1971 internado

Después de este hecho decisivo para mí, el consejo de familia se reunió en forma de mis padres y mi hermano de diecisiete años. Tendría que enviar con antelación que mi padre estuvo en un internado de habla alemana durante unos años durante sus días escolares en Serbia. Por lo tanto, se dio un consejo sobre a qué escuela debería ir. Como, por supuesto, a los 11 años no tenía idea o solo limitaba lo que me esperaba, tuve que aceptar la decisión del consejo de familia. Pero como me bauticé protestante desde que nací, mi inscripción en internados católicos, como los hermanos de la escuela en Strebersdorf, no fue aceptada. Esta decisión significó que fui a un internado en el distrito 13, que también incluía una escuela primaria humanística. Luché con esta decisión de mis padres durante mucho tiempo, porque estuve más o menos encerrado allí desde el domingo por la noche hasta el sábado al

mediodía. Si había "roto" algo durante la semana, por supuesto, tampoco hubo resultado el fin de semana. Afortunadamente, este rara vez fue el caso en el distrito 13. Una cosa fue interesante en esta casa, porque el jefe de esta institución era el nieto de Adalbert Stifter (su nombre era el mismo). Este director era un ávido fumador de pipa, donde el humo se podía oler por todo el edificio y, cada vez con mayor intensidad, sabíamos que el peligro era inminente. Pasé 3 años en Himmelhof, así se llamaba el internado. Luego me mudé al internado del mismo nombre en el distrito 2 con el mismo tutor Franz, pero las costumbres allí eran las mismas que en el distrito 13. Eso significa que, si hubo mala conducta de mi parte durante la semana, involuntariamente se me permitió pasar el fin de semana con castigo en el internado. Dado que la supervisión allí no fue muy buena y, por supuesto, también he envejecido, a menudo había fines de semana en el internado. En ese momento, a la edad de 13 años, conocí los cigarrillos, lo que también me obligó a quedarme en la casa. Este conocimiento de la nicotina ha permanecido conmigo hasta el día de hoy.
Todo fue razonablemente bien hasta el cuarto grado y luego conseguimos una

profesora de biología de Carintia que acababa de terminar sus estudios. Para nosotros los estudiantes de entre 14 y 15 años, por supuesto, fue un desafío en cuanto a la pubertad, porque era una mujer bonita con una figura correspondiente. Así que me dejé llevar por una afirmación durante la lección que me valió la peor nota de conducta. Además, también recogí las peores notas en varios objetos, por lo que tuve que repetir 4º curso. Esto había tenido éxito y, como ya no se enseñaba en la casa, tuve que ir al quinto grado de la escuela primaria de humanística en el distrito vecino. Como todavía quería ser médico, asumí que usaría el griego antiguo, ya que también me gustaba mucho el latín. Fue interesante entonces que terminé en una clase mixta por primera vez, pero solo había 6 chicas y el resto de chicos. En el primer semestre todavía estaba un poco ansioso por aprender, pero como no me gustaba en absoluto el griego antiguo, las calificaciones parecían adecuadas. Solo con esta asignatura no era suficiente y por eso tendría que repetir la clase, solo que eso ya no era posible en ese momento. Entonces, desde que tenía 17 años, mis padres decidieron iniciar un aprendizaje. Cuando tenía unos 16 años, cuando todavía estaba en el internado,

Ernst, que era el hijo de un amigo de mi madre, se me acercó, si no quería ir a los bailes folclóricos todos los viernes por la noche. Eso fue, por supuesto, una empresa difícil en el internado, ya que no siempre fue la norma dejar la escuela. Al final, finalmente se me permitió salir el viernes de 6 p.m. a 10 p.m. El baile folclórico tuvo lugar en la casa de los suevos del Danubio en el distrito 3. Cuando llegué allí por primera vez, encontré a unos 30 hombres y mujeres jóvenes, de los cuales yo era uno de los más jóvenes. Un suabo nativo del Danubio se presentó ante mí como el director, que ensayaba los bailes folclóricos con nosotros. Pero como yo era decididamente anti-talento cuando se trataba de bailar, este hombre también tenía sus dificultades para enseñarme eso. Todavía recuerdo un episodio en el que el supervisor tomó mi muslo en su mano porque no entendí la secuencia de un paso alterno. Probablemente nada ha cambiado sobre eso hasta el día de hoy. En estas noches estudiamos bailes folclóricos con 8 a 10 parejas, que luego realizamos en la temporada de baile en enero y Ferber. Con el paso del tiempo, se desarrolló un grupo de personas de la misma edad que jugaban a los bolos dos veces por semana en el Prater de Viena. Esto significa entrenar una vez a la semana y campeonato el viernes. Como teníamos un patrocinador, una empresa de transporte, eso no nos costó demasiado. Alrededor de 1982, 7 hombres y mujeres navegaron con esta compañía en un velero de 10 hombres desde Split a Dubrovnik en el verano. Todos los días de esa semana íbamos a una isla, hacíamos una pausa y seguíamos adelante. Fue una experiencia maravillosa

Casa de fin de semana de agosto de 1972

Después de que el cambio de carrera de mi padre en 1969 tuvo éxito en términos de ahorro, pudieron ahorrarse bastante dinero. Ahora mis padres fueron a buscar una pequeña casa de fin de semana en la Baja Austria. Encontraron lo que buscaban en el sur de la cuenca de Viena, en un municipio de unos 10.000 habitantes. La primera vista les pareció una ganga a mis padres, pero no podían imaginar lo que vendría después. Para mí, cuando tenía 12 años, por supuesto fue un placer, porque había muchos árboles frutales y arbustos en la propiedad que me permitieron quemar después de serrar, para que también se pudiera ver el edificio de

1930. Puedo recordar que después de un tiempo la quema molestó un poco a los vecinos, en ese momento todavía estaba permitido. Pero sí, éramos "vieneses" que vinimos a la Baja Austria para expandirnos. Bueno, se eliminaron los árboles y arbustos y se podía ver la casa. Tenía la desventaja de que no se había utilizado durante años y, por lo tanto, estaba en un estado desolado con un piso y un ático. Cuando hube quemado todo, tomé mi bicicleta y exploré el área con las montañas que le pertenecían y tuve que pasar una y otra vez por un asentamiento de trabajadores. Un día, un tipo que estaba allí me preguntó si podía bajarme de la bicicleta y sentarme con él. Hice lo que me pidió y me senté con él. Luego vinieron más chicos y se desarrolló una conversación interesante. A partir de este encuentro se desarrolló una amistad durante al menos diez años e hicimos algo diferente cada fin de semana. Solo a lo largo de los años se unieron los socios, cada uno de estos amigos se mudó a otro lugar en la Baja Austria y las amistades se disolvieron.

Año 1972 a 1974 Primer beso

Como mis padres siempre querían irse de vacaciones en verano, le pidieron a la iglesia evangélica de Viena que toda la familia tuviera la misma fe. Esto resultó en unas vacaciones con toda la familia en Estiria. No éramos la única familia allí, había unas 50 personas. Hicimos todos los días con todas las excursiones y caminatas que siempre fueron agradables. Un día, cuando regresamos de un viaje un poco antes, Angela me habló, era aproximadamente un año más joven que yo. Dijo que había descubierto un nido de avispas en el ático de la casa y tenía miedo de volver a mirarlo sola y ver si podía ir contigo. Bueno, por qué no, no puede pasar nada. Cuando nos paramos frente a este nido, de repente se dio la vuelta y me besó en los labios. Estaba horrorizado, solo a mi madre se le permitió hacer eso y a nadie más se le permitió hacer eso. Pero me lo guardé para mí de todos modos.

Rebajas de invierno de 1975

Como mi hermano quería ganar algo además de su salario como empleado de banco, conducía de un restaurante a otro en el distrito 10 y vendía el periódico más grande allí. Pero como éramos un solo corazón y un alma hasta que él tenía unos 20 años, pensé que podía vender periódicos y comprar mi dinero de bolsillo. Para hacer esto, estaba parado en una zona peatonal en el distrito 10 con una chaqueta amarilla y elogiaba mi periódico. Luego liquidamos las cuentas de los 10 a 15 periódicos de la noche. No fue muy rentable, pero, como dije, mi dinero de bolsillo se incrementó.

Aprendizaje de septiembre de 1977

Mi padre conocía al gerente de recursos humanos de un gran mayorista y productor de comestibles en el distrito 16, que era muy conocido en ese momento, por lo que comencé un aprendizaje como oficinista. Lo primero que hice fue trabajar en contabilidad mayorista. Allí encontré a cuatro hombres de 50 años o más. El jefe de departamento para esto era un signatario autorizado. Pero como acababa de salir del internado antes, disfruté de mi libertad recuperada. Esto se manifestó en el hecho de que no era tan estricto en cuanto a dormir una noche en mi tiempo libre. Eso significa que, ahora que tenía un amigo en Viena llamado Ernst, salíamos casi todas las tardes por la noche. Por supuesto, volver a casa era tarde. Así que mi desempeño laboral al día siguiente fue acorde. El director general, a quien me senté de espaldas, golpeó la mesa una y otra vez con el bolígrafo para que yo pudiera seguir trabajando. Sin embargo, con el paso del tiempo, el trabajo de sumar solo de 100 a 200 albaranes en un día se volvió demasiado aburrido para mí y decidí preguntarle a mi jefe si podía ser transferido a otro departamento de la empresa. Mi solicitud fue concedida y me trasladaron al departamento de té. Allí conocí a un joven despachador y su jefe era signatario autorizado. Aquí no aprendí mucho sobre el empleado de oficina, pero el antiguo gerente me enseñó mucho sobre el té. Así que tuve que preparar la degustación de té todas las mañanas, lo que pasó por un ritual muy especial: así que comencé colocando al menos 10 tazones de agua caliente y luego solo permití que se agregaran exactamente 2 gramos de té. Luego, el caballero pasó y tomó un sorbo de cada cuenco, se lo guardó en la boca y lo dejó correr por sus papilas gustativas. Con este manejo pudo determinar la calidad de este té y luego se ordenó la cantidad correspondiente. En el transcurso de mi trabajo en este departamento también existía un sistema automático para la producción de bolsitas de té, lo cual me fascinó mucho, pues por un lado el té entregado estaba en cajas grandes y al final las 20-25 bolsitas de té terminadas. salió lleno. Pero como lo que podía aprender era limitado, quería volver a un nuevo departamento, así que vine al departamento de productos frescos cuando tenía unos 18 años. A partir de ahí, se prepararon diariamente las entregas de frutas y verduras para las 250 sucursales. Para hacer esto, las tiendas individuales tenían que recibir pedidos por teléfono todos los días, por supuesto. Dado que ahora había alcanzado la edad en la que se me permitía trabajar horas extras de acuerdo con la Ley de Protección Juvenil, me inscribí en los servicios dominicales, que estaban adecuadamente remunerados. Mis colegas tenían más o menos mi edad, así que pronto se formaron amistades. Así que de vez en cuando íbamos a tomar algo después de nuestro servicio dominical, hasta que alguien dijo que tenía algo con él que solo se podía consumir en cuartos cerrados. Tan ingenuo como era entonces, entramos en un apartamento y nos sentamos en el suelo por falta de asientos. De repente, dicho colega sacó un cigarrillo del bolsillo, lo encendió y se lo pasó. Sin sospecharlo, yo, como los demás, atraje este supuesto cigarrillo. Cuando se fumó, me informaron que se trataba de un porro. Mi resumen fue bueno, mi credulidad y, sobre todo, no había sentido nada, así que el asunto se resolvió por mí y nunca volví a tocar nada así.

Septiembre de 1978 Primer apartamento

Después de que mi hermano dijera a los 21 años que ya no tendría esposa y que ya tenía su propio apartamento, me compré el pequeño apartamento de unos 35 metros cuadrados en la misma casa donde vivían mis padres en Viena. En este momento, sin embargo, también comenzó donde tuve que luchar durante unos 30 años. Por un lado, tuve amigos de una sola vez durante el fin de semana en Baja Austria y un amigo en Viena. Salí con él casi todos los días durante la semana y resultó que no hicimos muchas cosas diferentes. Luego íbamos principalmente a bares donde se podía jugar a las cartas. Dado que esto se volvió un poco aburrido con el tiempo, decidimos jugar por dinero. Pero eso tampoco fue satisfactorio, por lo que vimos máquinas en varias máquinas locales en las que puedes ingresar dinero y ganar. En ese momento se les llamaba bandidos manco que se podían encontrar por toda Austria. Sí, al principio siempre hubo ganancias menores o mayores, pero con el paso del tiempo fue, por supuesto, un déficit. Sobre todo, descubrí que estos dispositivos también estaban disponibles en Baja Austria. Y así comenzó mi adicción, ciertamente no de inmediato, pero con el transcurso del tiempo había cruzado una línea de la que no era consciente.

<u>Mayo de 1978 daltonismo</u>

En ese momento tuve que ir a las Fuerzas Armadas de Austria para la redacción. En ese momento no tenía problemas de salud, pero luego me presentaron una tarjeta con puntos de diferentes colores y me pidieron que leyera un número y una letra. Pero no podría hacer esto incluso si mirara los mapas desde diferentes ángulos. En otras palabras, se descubrió que soy daltónico, es decir, ciego al rojo-verde. Sin embargo, la Comisión ha determinado que estaría plenamente cualificado. Medio año después quería conseguir mi licencia de conducir de moto y coche con mi padre. Sin embargo, para hacer esto, también tuve que pasar una prueba. Entre otras cosas, se me presentó otra tarjeta de color de la que no pude leer nada de nuevo. Luego dijeron que tendría que someterme a más exámenes, incluida una prueba de reacción en la junta de fideicomisarios respectiva y una prueba psicológica en el distrito 3. Esta prueba psicológica tenía unas 20 páginas y era tedioso completarla porque lo hice. no le da sentido. Mi argumento, que también expresé, fue que estoy completamente calificado y no se me permite tener una licencia de conducir, bueno, entonces te dispararé porque no puedo decidir entre rojo y verde. Hasta donde yo sé, solo el rojo en el semáforo siempre está en el mismo lugar. Finalmente obtuve la licencia de conducir de al menos un auto, renuncié a la de las motocicletas, aunque tenía 2 ciclomotores cuando tenía 16 y 17 años, y nunca tuve ningún accidente con ellos.

Octubre de 1980 Ejército Federal

A principios de octubre hice mi servicio militar con las Fuerzas Armadas de Austria en el cuartel de Martinek (¿pensión?). Las primeras seis semanas fueron de entrenamiento básico y también agotadoras. Cuando fue mi cumpleaños a principios de diciembre, estaba de guardia, de todas las cosas, y eso en un día festivo. Eso significa que unas 15 personas habían recibido 20 cartuchos de munición real de la guardia, ahora tenía que sentarme a la mesa y esperar a ver si llegaba una orden de caminar por la zona del cuartel. No sé cómo, pero de repente había una botella de 2 litros con vino blanco en la mesa y mis compañeros me vitorearon por mi cumpleaños. Sí, pero lamentablemente no fue la única botella que consumimos.

Eso significa que durante la siguiente ronda de control en el área de los cuarteles, el camino se hizo cada vez más estrecho y al final tuve que descargar mi rifle con 20 rondas de munición real en la tabla de tiro. No había logrado hacer esto yo mismo, un camarada me ayudó. Todo quedó impune salvo un informe obligatorio con la siguiente advertencia. Después de las primeras seis semanas, me asignaron a la oficina de prensa. Este mayor estuvo allí por la mañana, pero luego salió de la oficina y regresó una hora antes del final del día. Mi trabajo allí consistía en buscar informes sobre el soberano en los distintos diarios. No fue una tarea que requiriera mucho tiempo, se completó con bastante rapidez. Así que pude ponerme al día con lo que tenía muy poco durante la noche, es decir, dormir. Cuando me mudé en octubre, tenía 65 kilos divididos entre mi longitud. En la zona del cuartel conocí el vino de Baden porque no lo había conocido antes. Cuando me desarmé a los 8 meses pesaba no 65, sino 72 kilos, que no había superado hasta hoy.

<u>Septiembre de 1980 profesión</u>

Había completado con éxito mi aprendizaje como empleado de oficina, el servicio militar con menos éxito, así que pensé para mí mismo cómo continuar. Ahora me interesé por los cursos nocturnos y comencé un curso de contabilidad, que pronto resultó ser incorrecto para mí. Entonces descubrí que las computadoras tenían futuro y de 1980 a 1981 tomé cursos de programación en WIFI Vienna, que se realizaba todas las noches de 6 a 10 p.m. Completé esto con exámenes al menos en Pascal, en Cobol no aprobé. Con los certificados quise decir que tenía mejores oportunidades en el mercado laboral y, a finales de agosto de 1981, dejé mi trabajo en el mayorista de abarrotes. Inmediatamente tuve un trabajo como empleado de oficina en una empresa que fabricaba tuberías y cajas de interruptores y que estaba ubicada en el distrito 5. Después de aproximadamente un año nos mudamos al distrito 11, donde también estaba ubicada la fábrica de esta empresa. Allí tuve un simpático graduado de negocios mayor que había intentado una y otra vez inspirarme. Pero cuando se jubiló, una ingeniera graduada llegó como su sucesora. Esto tenía el objetivo de ahorrar y así fue como me despidieron después de dos años y nueve meses. En ese momento todavía existía la indemnización por despido con al menos dos sueldos, pero solo después de tres años en la empresa. Así que tuve que buscar un nuevo trabajo y me enteré en los periódicos. Luego encontré un trabajo donde la preselección se hizo en un instituto psicológico de prueba. Así que vine a este instituto a principios de mayo de 1984 y me presentaron un paquete de 20 páginas de pruebas para completar. Después de hacer algunas anotaciones en este documento, pensé para mí mismo que tenía estas hojas de papel en la mano. Y así fue exactamente, años antes tuve que hacer el mismo examen para obtener una licencia de conducir y ese día para una solicitud de empleo. Suena un poco extraño. Después de evaluar mi información, me pidieron una entrevista en el distrito 8. El requisito previo para este puesto era que solo se trataba de un sustituto de la licencia parental de un año. Allí tuve que dar cuenta de los becarios que trabajaban en el centro de investigación en Baja Austria y también cuidar el libro bancario. Pero como todo era un desafío demasiado pequeño para mí, apunté a otras tareas. Entre otras cosas, esto incluyó contabilidad financiera, presupuestaria y de activos. Los lenguajes informáticos que había aprendido años antes no se utilizaron porque el "programador" existente lo impidió. Así que el primer año de baja por maternidad llegó a su fin y mi jefe en ese momento, con quien ahora tenía una piedra en el tablero, extendió mi contrato sin dudarlo. Pero dado que la oficina en el distrito 8 se cerró aproximadamente un año después de unirse a esta empresa (semipública), tuvimos que mudarnos a la Baja Austria. Tuvimos la oportunidad de utilizar el autobús de la empresa desde Viena. Pero el trabajo no comenzaba hasta las 8:30 a.m. y ya era demasiado tarde para mí. Así que hablé con un colega de que conduciríamos para trabajar juntos con mi segundo automóvil. Al hacerlo, contribuyó a los gastos de viaje. Eso significa levantarse de la cama todos los días laborables a las 6 a.m., conducir 35 km de ida y 35 km de regreso por la noche, independientemente del clima. Pero como valoraba este trabajo en la Baja Austria, lo acepté. El tiempo que pasé allí no solo fue profesional, sino también personalmente la rica experiencia que tuve en mi vida, especialmente porque había aprendido mucho de ella. En contabilidad, ese era el nombre del departamento donde trabajaba, había alrededor de 15 mujeres y solo 2 hombres, lo que inicialmente me afectó menos. Sin embargo, a lo largo de los años, me hice amigo de un colega que trabajaba a dos habitaciones de distancia. Era unos 2 años más joven y bastante inteligente, vivía cerca de su trabajo con sus padres en una casa de dos familias. Como tenía que llegar, la amistad se hizo más. La mayor parte del tiempo me quedé en su casa, pero volví a mi apartamento en Viena. Entonces un día me dijo que estaba embarazada de mí. Tenía entonces unos 26 años y vi que era mi deber proponerle matrimonio porque ella aceptaba. Ya estábamos buscando una iglesia u oficina de registro y más o menos fijamos una fecha para la boda. En la empresa, por supuesto, se rumoreaba en secreto que estaba pasando algo que no necesariamente me gustaba. Sin embargo, dado que por su parte solo quedaba la declaración del embarazo y no podía ver ni escuchar nada más en el transcurso de los meses, me volví escéptico sobre si esto sería cierto. Ahora, además, la "presión" de los compañeros se hizo cada vez mayor. Así que, a finales de 1987, decidí dejar el cargo después de tres años y medio y dejar que ella ocupara el primer lugar en la empresa, ya que sus calificaciones eran inferiores a las mías. Por supuesto, tampoco hubo pago bidireccional, ya que me había resignado. Verifiqué el supuesto embarazo de mi novia en ese momento algún tiempo después, pero probablemente nunca estuvo embarazada. Lamenté este puesto porque había aprendido mucho, aunque las condiciones no siempre eran las mejores. Enero de 1988 empleado por el padre Como mi padre tenía 58 años este año, decidí empezar a trabajar para él como oficinista, lo que significa que en ese momento trabajaba más o menos por cuenta propia, porque un padre no puede hacer mucho por su hijo. Como yo tenía la contabilidad en la escuela vocacional, decidimos que nos ocuparíamos de la contabilidad nosotros mismos. Nuestro asesor fiscal solo tenía la tarea de preparar la respectiva declaración de impuestos o balance y remitirlo a la oficina de impuestos.

Durante este tiempo tuve alrededor de 100 colportores (clientes) a los que tenía que entregar todos los días, muy pocos tuvieron tiempo de venir a nuestro local comercial en el distrito 20. A modo de explicación, un colportor solía ser un hombre que vendía diarios por la tarde o por la mañana con chaquetas de colores en plazas, estaciones de tren y calles. Para mí, siempre se los consideró comerciantes independientes. En otras palabras, me compraron revistas, es decir, publicaciones periódicas impresas, con un cierto descuento y luego las vendieron a un precio minorista fijo. La desventaja de esta industria es que existe un derecho de devolución del 100 por ciento. Si un cliente me compraba 10 piezas de una revista y solo vendía 5 de ellas, podía devolverme las 5 piezas restantes cuando la revista era nueva y luego se compensaban. Por supuesto, también tenía derecho con mis proveedores, como mayoristas y editores. Por supuesto, todo ello llevó una enorme cantidad de tiempo y, sobre todo, un control preciso de las respectivas facturas. Por lo tanto, una semana de 50 a 60 horas no fue la excepción, sino la regla.

Septiembre de 1992 trabajo por cuenta propia

Mi padre tenía 62 años este año y tuve que argumentar mucho que finalmente se había jubilado después de 47 años de contribuciones. No le habría beneficiado mucho económicamente. Entonces me hice cargo de este mayorista de revistas con dos licencias comerciales, entonces no había otra forma. Significa dos membresías de la división de cámara y, en consecuencia, dos cuotas por ella. Un competidor apareció dos o tres años después. Este Sr. Robin tuvo la oportunidad de crear su propio colportage en un periódico más pequeño. En otras palabras, proporcionó a varias personas extranjeras chaquetas y periódicos y las distribuyó por toda Viena. Sin embargo, con el paso del tiempo me enteré de que este hombre no les daba los lugares a la gente de forma gratuita, sino que exigía un depósito de 5 a 6 dígitos en chelines a cada persona y eso incluso antes de que se le asignara un lugar. Dado que hasta donde yo sé, esto fue escrito muy escasamente, ya sospechaba en este punto que esto saldría mal en algún momento. Como esto no me preocupaba mucho, lo dejé gobernar. Entonces, un día se me acercó y me dijo que podíamos hacer contraataques, a lo que no tenía objeciones. Recibí revistas de algunas editoriales vienesas en buenos términos y no fue muy diferente con él. Esto salió bien por un tiempo, me entregó a él y se compensó en contra. Pero un día, no era una gran cantidad de dinero, sonó el teléfono y Robin estaba en la línea. Dijo que todavía le debía algo y que quería reclamarlo. Eso me puso tan furioso que dije que renunciaba a mi solicitud y que no quería saber más de él. Sí, bueno, ese era solo mi deseo. Contrató a más y más árabes, paquistaníes e indios y finalmente fue a mis dos proveedores principales. El trasfondo de esto es que cuando comencé a trabajar en el negocio de venta al por mayor de revistas, hablé con estos dos proveedores para obtener un descuento del 4.9% más alto. Eso significa en lugar del 28,2% el más alto con el 33,1% bruto. Mi solicitud se mantuvo incluso cuando conduje hasta la sede de un proveedor en Salzburgo, cuando logré el aumento de descuento unos 10 años después. El Sr. Robin fue a estos dos proveedores con lo que fuera e inmediatamente obtuvo el descuento más alto, la conexión que estaba involucrada estaba clara para mí, pero no daré este de mí.

<u>Noviembre de 1988</u>

Ahora tenía 28 años, mis amigos de la Baja Austria se habían separado en todo el estado federal, en parte por razones profesionales, en parte por razones de asociación, por lo que estaba solo. Una vez más fue un sábado tan soso y entonces tuve la idea de que allí vivían dos chicas a 30 kilómetros de distancia, a las que ya conocía de mi infancia cuando pasaba el verano con mi hermano y mi madre en Baja Austria. Así que me subí a mi coche y conduje hasta esta ciudad de 800 personas. No solo encontré a dos niñas, sino a 3. La amiga de la mujer mayor estaba de visita. Después de un rato le propuse ir a bailar. La amiga dijo que estaba cansada y que tenía que ir a ver a su esposo. Así que me quedé con los dos y después de un tiempo de maquillaje y peinado, había llegado el momento. Manejamos unos 60 kilómetros en mi carro hasta el distrito vecino, había muy poco en la zona al respecto. Bueno, ahora estaba sentado en la discoteca con dos chicas, una cuatro años menor y no necesariamente bonita y la otra, un año mayor y bastante "vestida". Ahora no tenía más remedio que alternar entre bailar con uno y luego con el otro, y eso para mí, cuando era un bailarín tan talentoso. Durante el transcurso de la noche, ya era pasada la medianoche, el día 13 de noviembre, cuando estaba sentado a la mesa, noté que una rodilla seguía chocando con la mía y luego se quedó. Creo que los siguientes bailes completaron el acercamiento de los mayores y llegó como tenía que venir. Fue maravilloso. Esto luego duró unos buenos 20 años.

Otoño de 1995

Como mi competidor se estaba volviendo cada vez más agresivo en la venta de periódicos y revistas, y recurría a mayores descuentos para sus colportores, también tuve que reaccionar. Afortunadamente, tenía algunos editores austriacos en ese momento de los que podía vivir, porque al menos en ese momento no se podía hacer nada con dichos mayoristas. Esto se expresaba en el hecho de que solo podía vender mis productos a escondidas, porque cada vez que acudía a mis clientes, y lo han sido durante años, siempre había un árabe que podía ser asignado a la empresa Robin, con mi comprador y impidió así mi venta. Así que tuve que poner a la venta mis revistas de manera indirecta, porque el comprador de mis productos habría sufrido desventajas financieras si se lo viera comprándome. Pero como el intelecto de estos órganos de control no era necesariamente el más alto, seguí poniéndome bien, incluso con dificultades. En ese momento pude aumentar enormemente las ventas y el número de revistas, de modo que mi principal proveedor me entregó en un camión grande en el distrito 20, donde me había hecho cargo de las instalaciones comerciales de mi padre; a menudo había 2 paletas de bienes con 2000 revistas incluidas. En ese momento había escalado tanto, probablemente por razones competitivas, que la semana transcurría de lunes a domingo. Mi compañera Britta, desde 1988, se había quejado con razón de eso y tuve que cambiar eso, así que al menos me tomé el fin de semana libre. Pero como soy un poco tonta y haré lo que me propongo. Y así resultó como tenía que ser: en febrero de 1998, vi por casualidad que uno de los dos principales proveedores había dejado de entregar a la empresa Robin. Unos días después pude establecer oficialmente que la empresa de Robin estaba en quiebra. La suma de la quiebra fue de 35 millones de chelines austríacos. Sin embargo, esta cantidad era ciertamente solo una pequeña parte del depósito que el Sr. Robin y sus empleados tomaron de los colportores. Se rumoreaba que alrededor de 15 millones de chelines fueron robados de sus 100 a 200 colportores. También supe que después de la quiebra, este hombre solo se atrevió a salir a la calle con guardaespaldas, probablemente por los depósitos retenidos. Debido a la quiebra, de repente estaban dispuestos a darme el descuento más alto de 33,1 brutos. Sí, pero para entonces ya era demasiado tarde.

Vacaciones de julio de 1998

Después de que nunca fui un fanático de las vacaciones, todavía tenía unas vacaciones de 2 semanas en Creta, que hasta el día de hoy fue probablemente la más hermosa de mi vida hasta ahora. También hubo algunas experiencias que se quedaron en mi memoria: nosotros, mi compañera Britta y yo, habíamos pedido prestado un ciclomotor. Lo único estúpido fue que era semiautomático. En otras palabras, los dos estábamos sentados en este vehículo y aparentemente dejé que el embrague se accionara demasiado rápido, por lo que mi compañero estaba sentado en el suelo. Bueno, sí, a la mitad del primer obstáculo. El propietario nos dijo que solo podíamos conducir dentro de un kilómetro. Escuchamos eso y comenzamos nuestro viaje. Pero como esta isla tiene la desventaja de que, a diferencia de nosotros, había que subir y bajar cada montaña, así que nosotros también lo hicimos y se olvidaron los 50 kilómetros. En la cima de la montaña hicimos una pausa y nos sentamos en la hierba. Entonces Britta dijo de repente que había visto algo naranja en la arboleda cercana. De improviso pasamos por debajo de la cerca y encontramos una naranja que aparentemente se pasó por alto durante la cosecha. Por supuesto que los elegimos de inmediato. Cuando lo pelamos, nos entró un olor increíblemente fuerte y, sobre todo, el disfrute de esta fruta fue indescriptible. Luego seguimos conduciendo, porque teníamos muchas ganas de ir a la montaña vecina a un monasterio. Pero ahora ya era mediodía y el sol ardía con bastante fuerza. El camino no estaba pavimentado, era un camino de ripio. Sin embargo, continuamos nuestro viaje. De repente me di cuenta de que el ciclomotor ya no reaccionaba como yo quería. Teníamos un "piso". No había nada a lo largo y ancho. Así que tuvimos que empujar el vehículo con el máximo calor hasta la siguiente estación de servicio, que estaba a salvo a 5 kilómetros de distancia. No le habíamos dicho nada al propietario sobre lo que nos pasó, pero fue una experiencia para los dos. Unos días más tarde, el hotel en el que nos alojábamos tenía un safari en jeep. Por lo que puedo recordar, había al menos 10 jeeps llenos de comida y cruzamos la isla de norte a sur y de este a oeste hasta llegar a Elafonisi (las Maldivas de Creta). Sí, teníamos suficiente comida, desde carne hasta ensalada, pero lo que faltaba era la cubertería. Entonces las mujeres fueron al mar, se lavaron las manos y simplemente prepararon las ensaladas con las manos. En cualquier caso, sabía bien. Un año después, nuevamente en julio, nos fuimos de vacaciones a Lanzarote. No nos gustó demasiado allí, ya que toda la zona nos parecía muy estéril, tampoco podíamos ir a nadar al mar, el agua estaba muy fría (Océano Atlántico). Y nuevamente, un año después de julio de 2000, nos quedamos unos días en una casa de huéspedes en Estiria, desde donde hicimos algunas caminatas. Desde entonces apenas he tenido vacaciones, excepto en 2017 a Italia en unos días en autobús, que por supuesto fue más agotador que tomar el avión.

Agosto de 2000

Cuando regresamos de nuestras vacaciones en Austria en julio de 2000, Britta me dijo que tenía dolor abdominal y que ya tenía una cita con el ginecólogo al respecto. Después de esta cita, me llamó inmediatamente: estaba preocupado por supuesto y ella dijo: Qué bueno. ¿Qué se suponía que era eso? Dijo que voy a ser papá. Estaba asombrado, pero era natural para los dos que estaríamos ahí para estos niños. El tema del aborto nunca se mencionó, y fue bueno, al menos cuando me enteré. La fecha límite se fijó a principios de marzo de 2001. El 24 de febrero de 2001, un sábado, Britta me despertó por la mañana y me dijo que había llegado el momento. Para mi trabajo, tenía una camioneta que estaba mejorando en años. También nevó bastante el día anterior. Así que condujimos unos 50 kilómetros hasta el hospital sin calefacción en el coche, porque no funcionaba. Cuando llegaron al hospital, se enteraron de que les llevaría un tiempo. Así que simplemente fuimos a caminar por la nieve en el complejo. Por la noche la dejé con la solicitud de que me informaran, independientemente de la hora del día, si vendría. Nadie recibió una llamada, así que conduje hasta el hospital a las 8 a.m. en Mardi Gras. Cuando abrí la puerta de su habitación, me saludó con la palabra: ¡Sorpresa! Un momento después, la puerta se abrió de nuevo y una enfermera me trajo a mi hijo. Lo que recordaré para siempre fue el momento en que lo sostuve en mis manos por primera vez. Indescriptible.

1990-1991 apartamento

Hasta entonces, vivía en el pequeño departamento que tenía cuando tenía 18 años. Pero como la administración de la propiedad y el propietario del edificio de apartamentos querían una renovación general de la casa, tuve que mudarme un piso a un apartamento un poco más grande. Mi apartamento se fusionó con el apartamento vecino con la promesa de que podría volver a mudarme al apartamento de aproximadamente 70 metros cuadrados una vez terminada la obra. Esto también se observó y en 1991 me mudé a este apartamento. Pero como mi adicción empeoró con el paso de los años, de lo que no estaba al tanto en ese momento, me atrasé con los pagos del alquiler. Así surgió, como tenía que llegar, a un juicio de desalojo. Britta y yo estábamos buscando un apartamento. Encontró lo que buscaba en un anuncio de un periódico. Un dúplex en el distrito 2 con un alquiler de alrededor de 10.000 chelines. Señalé que no podía pagarlo, pero no necesariamente fue aceptado. Por lo tanto, devolví el apartamento en el distrito 20 sin un aviso de desalojo y me mudé al distrito 2. Sin embargo, dado que mi pasión por los juegos no había mejorado, sino que por el contrario empeoró, pronto me encontré con el mismo resultado que en el distrito 20. Así que busqué un Garcionerre yo mismo en el distrito 20 que podría pagar.

1980 – adicción

Todo comenzó poco a poco, arrojó unos pocos chelines en una máquina y tal vez ganó algo una vez, pero eso se devolvió directamente a este cubo, porque las grandes ganancias están llegando. Me tomó alrededor de 15 años darme cuenta de que era adicto al juego. Mi compañera Britta me animó a someterme a terapia, pero también tuve que admitir que era adicta a esto. Así que busqué la ayuda de Jugadores

Anónimos. Había terapias grupales una vez a la semana y terapias individuales previa cita. La terapia individual me causó un colapso nervioso porque nunca antes había experimentado algo así, especialmente porque el terapeuta había profundizado mucho en mi profundidad. La terapia de grupo no fue necesariamente exitosa porque volví al auto después de la sesión y terminé nuevamente en una sala de juegos. Así que no vi ningún sentido en esta terapia. Aparentemente tuve que hacer más con esto. Britta me habló sobre el progreso de esta terapia o si había dejado de jugar. Respondo a esto con un "sí", que dejé de jugar. Hasta donde yo sé, esta fue la única vez en 20 años de asociación en la que le mentí. Pero también tenía la costumbre de evitar hábilmente las cuestiones delicadas, especialmente las financieras. Así que en ese momento no vi salida y los pensamientos suicidas se acercaban cada vez más.

Bancarrota de junio de 2001

El 15 de febrero de 2001, diez días antes de que naciera mi hijo, tuve una negociación de quiebra. Esto fue precedido por la presentación de mi propia iniciativa o mi entendimiento comercial. Hablé con el juez sobre esto y pudimos lograr una tasa de compensación de alrededor del 13,84% que podíamos ofrecer a los acreedores. En esta audiencia en el Tribunal de Comercio de Viena, estuvieron presentes dos representantes de los acreedores de unos 20 acreedores. Sin embargo, la cuota ofrecida no fue aceptada tanto por los abogados de la asociación de protección crediticia como por la AKV. A mediados de junio de 2001, las autoridades municipales del distrito 20 me pidieron que devolviera las dos licencias comerciales que tenía durante casi 9 años. La razón de esto fue que había acumulado bastante deuda a lo largo del tiempo. Hice esto y luego me registré como desempleado. Mi padre, que estaba jubilado en ese momento, volvió a comprar su licencia comercial para la venta al por mayor de la revista. Y así siguió el negocio, pero eso no me impidió jugar y, sobre todo, hacer algo al respecto.

2000 magistrado / finanzas

Alrededor del cambio de milenio, mis clientes seguían viniendo a mí y pidiéndome confirmación de sus ingresos. En otras palabras, las respectivas oficinas requieren el correspondiente comprobante de ingresos al extender o volver a presentar un permiso de residencia. Por ejemplo, se esperaba oficialmente que una persona que viviera en Austria tuviera un ingreso mínimo de 700 €. Para mí fue fácil de determinar porque había un descuento fijo y un precio de venta. Entonces te las escribí si la cantidad era suficiente y recibiste tu papel correspondiente del magistrado. Ningún día había recibido dinero por la emisión de este documento, al menos no hasta 2006. Para mí, estas personas también eran comerciantes independientes y también tenían que transferir la cantidad que escribí al canal de evaluación. Si realmente practicaron eso está más allá de mi conocimiento. Pero también lo había definido de la misma manera en los papeles expuestos.

Marzo de 2006 muerte de mi padre

El 25 de febrero de 2006, mis padres vinieron a nosotros, Britta, mi hijo Gregor y yo a la Baja Austria. Mi pareja la invitó al quinto cumpleaños de mi hijo. Mi padre ganó alrededor de diez libras después de jubilarse en 1992. No estaba gordo, pero disfrutó al máximo de la comida. Por supuesto, mi hijo ya se había enterado de esto a la edad de 5 años y por eso bombardeó a mi padre con pasteles en la merienda. El abuelo se lleva el pastel, sé que a ti también te gusta picar. Un cuarto de hora después llegó con una rosquilla y el abuelo la tomó y se la comió. A la mañana siguiente en la tienda alrededor de las 7 en punto mi padre ya estaba allí, como de costumbre. Nos subimos al coche y nos dirigimos hacia un cliente. En el camino, me dijo que había dormido tan mal esa noche. Además, se levantaba cada media hora para ir al baño con el correspondiente dolor en el pecho. Cuando volvimos al trabajo una hora más tarde, lo insté con mucha urgencia a que fuera a ver a nuestro médico en el mismo callejón para echar un vistazo. Bueno, sí, era invierno el 26 de febrero de 2006 y mi padre fue al médico con gran desgana sólo con un jersey. Después de una hora sonó mi teléfono y fue su turno. Debería llevarle una chaqueta al internista de la calle, porque el médico de familia lo habría enviado inmediatamente al internista con la sospecha de un infarto. Esta doctora no permitió que la llevaran allí para un diagnóstico y de inmediato llamó a la ambulancia para llevarlos a un hospital. Cuando llegaron al hospital, se confirmó la sospecha que sospechaban los dos médicos. Allí lo revisaron durante 11 días y lo liberaron el 10 de marzo, un viernes. El 13 de marzo por la mañana, como siempre, entré a la tienda alrededor de las 7 a.m. y mi padre ya estaba allí. Como lo primero que preparo por la mañana fue dejar un café, también lo hice ese día. Mientras tanto, noté que mi padre iba al baño del pasillo. Como de costumbre, preparé un café para mi madre en el primer piso de la misma casa y fui a la parte trasera de la tienda en la escalera. Noté que la luz del baño del pasillo estaba encendida (vidrio opaco) y supe que solo podía ser mi padre, pero habían pasado de 10 a 15 minutos cuando lo vi por última vez. Luego fui al apartamento de mis padres y hablé con ella un rato. Cuando volví a pasar por el baño, la luz seguía encendida y entré en la tienda, pero no había nadie. Así que volví al baño y llamé a la ventana, pero no hubo reacción. Mientras tanto, la vecina que vivía al lado había salido de su apartamento. Pero como no hubo reacción en el inodoro, no tuve más remedio que romper el vidrio de la puerta con el codo. Entonces lo vio ya sentado apoyado contra la pared y con sangre por la nariz. El vecino llamó inmediatamente a la ambulancia y también me trajo ropa para el piso del pasillo para que me la pudiera poner. El rescate llegó bastante rápido y trataron de traerlo de regreso con un desfibrilador, pero fue en vano. La ambulancia informó al médico que debía determinar la muerte. Mientras tanto, también llegó la policía, donde un hombre permaneció junto al muerto hasta que llegó el médico. Esto vino después de aproximadamente 3 horas. La primera de sus preguntas era si había algún hallazgo reciente que, por supuesto, pudiera responder. Cuando lo hubo mirado, dijo: Con el cóctel esto no fue nada sorprendente y morir en Viena el lunes fue desfavorable, porque tenemos un atasco. Si no hubiera estado de luto, no habría podido controlarme ante tales declaraciones. Pero lo que aún me conmovió fue que tenía que decírselo a mi madre, que estaba en su apartamento. Y el siguiente problema fue mi hermano, además no tuvimos contacto durante unos 20 años para notificar que nuestro padre había muerto. Se había peleado con sus padres por la herencia a la que tenía derecho. Pero estuvo allí dentro de una hora sin malas palabras. El 24 de marzo de 2006 lo enterramos en el Cementerio Central de Viena. Luego, cuando se bajó el ataúd, tuve un evento decisivo. Había heredado mucho de mi padre, entre otras cosas que no podíamos hablar de problemas y seguí evitándolos, ahora ya era demasiado tarde.

Extorsión de marzo de 2006

El 14 de marzo, devolví las dos licencias comerciales de mi padre al magistrado responsable en el distrito 20. Ya conocía el manejo al respecto. El 20 de marzo sonó mi teléfono y se ocultó el número. En el otro extremo estaba un hombre que no me dijo un nombre, a pesar de que le pregunté varias veces en el transcurso de la conversación. Dijo que debería seguir escribiendo las confirmaciones que he estado escribiendo desde el cambio de milenio. Cuando le pregunté por qué debería hacer eso, me contó las circunstancias del lugar donde creció mi hijo, que solo se podía saber si estaba allí. Por ejemplo, cuando fue al jardín de infancia hoy y cosas por el estilo. Por supuesto, eso me cabreó y lo amenacé. Su respuesta fue solo que después de la llamada anterior, me enviaría un extranjero y tendría que emitir una confirmación. Tendría que cobrar 10 € por un mes y 15 € por varios meses, que luego pagarían estas personas.

Al principio me negué, por supuesto, argumentando que ya no podía escribir eso porque no tenía derecho al comercio, pero con el tiempo la información sobre mi hijo, lo que estaba haciendo ahora se volvió cada vez más real y tuve que hacerlo. Supongamos que se quedó cerca de Gregor, lo que se comprobó un año después. En el pueblo con alrededor de 800 habitantes y una superficie de 34 kilómetros cuadrados, los extraños llaman la atención de forma natural, especialmente cuando conducen frente a edificios públicos, como una escuela o un jardín de infancia. Ahora tenía la opción de ir a la policía y presentar un informe, si es aceptado, y se asignará protección para mi hijo durante una semana o dos, y luego tengo que temblar si el hombre puede pensar en algo. La otra posibilidad era que lo hiciera a mi manera, lo que me permití hacer independientemente de las consecuencias. Entonces las llamadas llegaban varias veces a la semana con números suprimidos y los extranjeros, a quienes conocía solo parcialmente, recibían sus confirmaciones contra pago.

Cuando le pregunté a la gente de dónde tenían contacto, no obtuve información alguna. Así que decidí seguir a estas personas, pero al menos al principio esto era inútil. Mientras tanto, ya era otoño de 2007, mi hijo fue a la escuela primaria. En el pueblo, se observó a un hombre en varios lugares donde se asumió que era un pedófilo, ya que se lo vio repetidamente en la escuela o en el jardín de infancia. Pero esto fue un error, todo estaba destinado a mí. Un viernes después de la escuela, como todos los días escolares, mi hijo tomó el autobús escolar a casa. Dado que el camino a unos 500 metros desde el punto de salida hasta el lugar de residencia no era del todo visible, un automóvil llegó repentinamente desde la calle lateral, se detuvo en la de mi hijo y se abrió la puerta del pasajero. Un hombre le habló y quiso regalarle caramelos. Mi hijo reaccionó una vez e inmediatamente corrió hacia la casa donde lo había estado esperando mi pareja. Vio el vehículo y también llamó a la policía, solo que hasta que llegaron, el conductor había cruzado las montañas a pesar del callejón sin salida. Cuando mi hijo me contó sobre esto el mismo día, el viernes por la noche, hablé con mi pareja y le dije que no era un pedófilo, pero que se habría aplicado a mí, pero ella se apegó a la versión del pedófilo.

13 de diciembre de 2006

Era viernes y de nuevo 13. Estaba sentado en la tienda que tenía dos salidas, una al patio de la casa y otra al callejón. Escribí en mis programas, como lo había hecho durante mucho tiempo, y en consecuencia, fui absorbido. De repente, alguien llamó a la puerta del patio; había cerrado la otra puerta. Era alrededor del mediodía y supuse que era una fiesta en casa. Cuando abrí la puerta, había un hombre de unos 190 cm de altura con una apariencia bien arreglada. Se identificó con su nombre e identificación como el "Director Oficial" de la Oficina de Impuestos de Viena. Ahora dijo, sosteniendo una hoja de papel A4 en la mano, que tenía una confirmación en la mano donde se podía encontrar el sello de mi empresa y mi firma. También afirmó que estaba impreso en ambos lados. También preguntó si podía entrar, a lo que no me negué. Pero luego tuve que refutar sus acusaciones de inmediato. Por un lado, nunca había entregado papeles que estuvieran impresos por ambas caras, y por otro lado, tampoco había puesto un sello en esas cartas, esto ya estaba incluido en el programa que yo mismo les había escrito. Nunca tuve la carta en la que se basaba esta afirmación. Ahora dijo si podía mirar en mi PC de pie, lo que no me negué. También quiso mirar y tomar fotos de mis extractos bancarios que tenía en el estante detrás de mí, lo que no rechacé, porque no tenía conciencia de ninguna culpa. Ahora empezó a tomarse sus minutos. Cuando se le preguntó cómo se produjeron tales confirmaciones de ingresos, de cuándo y por qué, concluyó la visita con la pregunta de qué habría recibido yo por ella, y se refería no solo al dinero, sino también a los productos naturales. ¿Qué debería responderle ahora, porque mientras tanto me di cuenta de que necesitaba su sentido de logro y, por otro lado, todavía tenía a mi chantajista en este momento, que me estaba presionando bastante. Entonces respondí a su pregunta con la respuesta: no he recibido nada a cambio. Su reacción fue que no creía esto. Al año siguiente, dos más vinieron a mi tienda sin previo aviso y siguieron buscando. La última vez me preguntó si podía llevarse el stand de PC a la oficina de impuestos, a lo que respondí afirmativamente después de un tiempo para pensarlo. Es hora de pensar en el hecho de que no necesariamente habría sido beneficioso para la computadora, pero, por supuesto, no tenía nada que ocultar. Lo recuperé en dos días, pero no me dijo si se había encontrado algo ilegal o no. Hasta ahora todo bien o no. En otoño de 2007 hubo una "invitación" a la oficina de impuestos en el distrito 22. Allí me ofreció los resultados de su auditoría fiscal, como se llama en alemán financiero. Él ya me había indicado que tendría que agradecerme si no le decía qué haría para la emisión de declaraciones de ingresos y por eso acordamos este nombre. Su estimación era que pensaba que yo habría recibido 100 € por cada confirmación, comenzando en 1998 y finalizando en 2008. Es decir, unos ingresos de 40.000 € y gastos de "acomodación" menos el 50%. Así que a sus ojos yo había ganado 20.000 € año tras año con esta obra, que también se veía reflejada en el modesto IRPF correspondiente. De una sola vez, tuve dos reclamos de la oficina de impuestos y la compañía de seguros de salud por un monto de 6 dígitos, contra los cuales respondí de inmediato al recurso hasta el entonces senado de finanzas como la oficina de impuestos de alto nivel. oficinas, hoy, que yo sepa, es la procuraduría financiera. Todos los nombramientos, y eso era 9 años en ese momento, fueron rechazados o rechazados por las oficinas individuales. El estado o sus funcionarios tienen mayoritariamente razón, el ciudadano apenas. Lo que no esperaba en ese momento, sin embargo, era el hecho de que este director oficial, que vio esto no solo como un delito financiero, sino también como una violación de la ley. Después de completar su auditoría en 2008, transmitió los datos que había elaborado, para los cuales nunca pudo proporcionar pruebas, al Fiscal de Viena con el fin de verificar su ilegalidad. Además de mis nombramientos en 2008, para los años 2006 a 2008, cuando finalmente me apoderé de mi chantajista, preparé declaraciones de renta de estos 3 años por un total de 2.500 € de ingresos por la confección de cuentas de resultados, que no han se ha tenido en cuenta hasta el día de hoy. En los años 1998 hasta 2005 inclusive no tuve ninguna ingesta debido a esta circunstancia. Esta fiscalía también reaccionó a través de los respectivos juzgados de distrito, donde me "pidieron" que diera unas 100 citaciones entre 2009 y 2011. El proceso allí siempre fue el mismo. El tenor básico de mis interrogatorios por parte del tribunal respectivo fue siempre el mismo. Me preguntaron si había publicado este documento y, por supuesto, por qué. Siempre había un extranjero sentado frente a mí que, entre otras cosas, fue acusado por el Departamento Municipal 35 de haber obtenido o comprado un permiso de residencia con tal confirmación. Se me presentó el papel en el que se basó este proceso y tuve que determinar si lo había emitido o no. El 90% de ellos eran papeles míos, pero también hubo falsificaciones, que es lo que asegura el director ejecutivo. Los extranjeros acusados, a quienes conocía al menos por apariencia, obtenían, si realmente eran declarados culpables, de 2 meses a tres años, condicionalmente, no más. Como ya mencioné, finalmente pude ponerme en contacto con el chantajista en mayo de 2008 siguiendo a un supuesto colportor una vez más después de recibir una confirmación de. Con argumentos "poderosos", le imploré a este hombre que borrara mi número de inmediato y no me volviera a llamar nunca más. No tenía muchas esperanzas, pero él se mantuvo por alguna razón y nunca más escuché ni vi nada de él, pero también había cambiado mi número de teléfono celular. Nunca había podido averiguar qué había sacado él o no. En la primavera de 2010 recibí de repente una carta certificada del Fiscal de Viena - Tribunal Penal de Viena. En él se me pidió que compareciera como sospechoso en la fiscalía para ser interrogado. Cumplí con esto y me senté frente al fiscal. Me acusaron de emitir declaraciones de ingresos que no cumplían con la ley. Como este hombre de mediana edad tenía unos archivos frente a él, los hojeó y me preguntó si conocía el nombre que estaba leyendo allí y, sobre todo, cómo surgían esos papeles. Luego confirmé sus preguntas, pero le pedí que me mostrara las confirmaciones, donde pude reconocer nuevamente alrededor del 10% de falsificaciones, que él también vio. Por lo que puedo recordar, estuvo con él por segunda vez este año. Todo fue solo interrogatorio de un imputado por parte del Ministerio Público. En la primavera de 2011 recibí otra carta certificada, pero esta vez del Tribunal Penal de Viena, donde se suponía que debía ir como acusado. Allí conocí a un juez, al fiscal, al que ya conocía, y a mi defensor público, que en mi primera reunión con él se había quejado de que tenía que leer 6000 páginas de documentos judiciales para el juicio. Ahora se trataba de esta negociación, en la que, naturalmente, todas las partes hicieron preguntas. La cuestión de si había recibido dinero por esta edición de los papeles era de importancia secundaria, al igual que lo fue durante el interrogatorio del fiscal. Pude convencer al juez lo mejor posible con mis respuestas y argumentos. Mi abogado era más reacio a desenterrar un precedente que tenía muy poco que ver con mi acusación. El fiscal fue un poco más persistente e hizo preguntas bastante enérgicas. Resultado de este juicio, el juez anunció el veredicto, 24 meses de prisión, significa que no hay prisión. Luego de pronunciada la sentencia, me informó de mi decisión al respecto; Para aceptar la sentencia de inmediato, 3 días para considerar o apelar de inmediato. Ciertamente no esperaba eso, porque asumí que podría salir de la corte como un hombre libre e inocente. Así que miré a mi abogado defensor y le mostré con mi mano 3 durante 3 días para pensar en ello. Pero como el fiscal vio mi vacilación, dijo que apelaría o emprendería acciones legales. En febrero de 2012 tuvo lugar la segunda audiencia ante el Tribunal Superior Regional de Viena, donde asumí que la sentencia sería a mi favor. Así que entré a la sala del tribunal a la hora prescrita y encontré un senado de jueces. Cuando se verificaron mis datos, uno de los jueces me habló: La sentencia del Tribunal Penal de Viena se cambiará a 16 meses condicional y 8 meses incondicional. Mi reacción a eso: ¡No puede ser eso! El juez dijo: Si no entendió el veredicto, tendrá que estar detenido durante 8 meses. Para mí, un mundo se derrumbó. Por un lado, había emitido estos papeles de buena fe hasta que me chantajearon; por otro lado, quería proteger a mi hijo, que iba mal en los pantalones. Casi nunca tuve una ventaja financiera y fui castigado por ello. Por supuesto, le pregunté a mi abogado qué más se podía hacer al respecto, pero tuve que darme cuenta de que no había apelación a esta sentencia, solo una petición. Pero no me dio ninguna esperanza de que esta decisión del Tribunal Regional Superior cambiara algo a través de tal petición. Pero le pedí que hiciera eso. Pero tampoco tuvo éxito. Entonces recibí una carta de la corte, donde tenía que estar en la prisión de Simmering a más tardar el 10 de abril de 2012, para comenzar mi sentencia de 8 meses de prisión.

2006 a 2011 todo sobre el cuidado

Cuando mi padre murió en marzo de 2006, como ya se mencionó, una vez más me enfrenté a un desalojo de mi Garcionerre en el distrito 20. Ahora, luego de la muerte de su esposo, mi madre estaba completamente sola y que luego de casi 53 años de matrimonio, el techo sobre mi cabeza fue removido, entonces lo que quedó fue mudarme a un departamento de 75 metros cuadrados con el argumento en mi parte para supervisarla mutuamente, porque estaba bastante deprimida después de la muerte. En ese momento, no pude decir si mi decisión fue correcta o no, y ella ya había tenido 2 golpes detrás de ella. En el momento en que falleció su esposo, ella pesaba alrededor de 80 kilos, no era gorda sino rechoncha. El primer año con ella en un departamento fue bastante bueno, fuimos de compras, al médico y a los exámenes. En este punto, tuvo que tomar unas 10 tabletas al día debido a sus enfermedades anteriores. Entre ellos estaba un fármaco psicotrópico, donde tenía que ir a un neurólogo en lugar de un médico de familia cada vez para obtener la receta. Creo que se lo recetaron porque estaba cada vez más deprimida. También se diría que hacía mi trabajo en la misma casa, solo separada por un patio. Significa que yo estaba en la planta baja y ella estaba en el apartamento del primer piso. En el segundo año su condición comenzó a deteriorarse rápidamente, comía cada vez menos y no quería salir a la calle. Puedo recordar un episodio en el que los dos estábamos comprando en la tienda de comestibles a unos 300 metros y ella no pudo ir más allá después de pagar la compra. Así que la senté en la tienda, corrí los 300 metros de regreso a la tienda y cogí mi tobogán, que había tenido durante años, lo llevé a la tienda, lo puse en el tobogán con gran desgana y lo llevé a casa. No me importaba cómo se veía. No necesariamente. Todo parecía como si hubiera pasado con ella en el apartamento de lunes a viernes y fui a ver a mi familia en la Baja Austria el viernes por la noche, Gregor y Britta. Pero como ella no necesariamente debería estar sola el fin de semana, mi hermano pasó dos o tres horas el sábado y eso se convirtió en una farsa casi siempre. Una vez me llamó porque no encontraba la medicación, otra vez por alguna trivialidad. Es decir, tampoco me fue de gran ayuda en este sentido. Pero desde que se sumaron la depresión creciente, la paranoia y la demencia, cuidar de su persona se hizo cada vez más difícil, es decir, se aprovechó al máximo la atención las 24 horas. Durante el día, como ya no tenía un concepto del tiempo, dormía y durante la noche, cuando yo quería dormir en la habitación de al lado, frecuentaba el apartamento. Ni siquiera tenía que recogerla en la sala de estar a medianoche o más tarde y ponerla de nuevo en la cama. Además, ya no tenía una descripción general de los artículos para el hogar que tenía. Sucedió que a las 11 de la mañana se paró en el balcón y gritó mi nombre en voz alta porque estaba parada Peter y necesitaba al menos dos tubos de pasta de dientes. Luego entré al patio, la vi gesticulando salvajemente en el balcón y dije que debería mirar en esta y aquella caja, que yo sepa, había al menos 10 tubos de pasta de dientes allí. Todo lo que dijo fue que ella sabría lo que necesitaba y no yo. Así que tuve que comprarle los tubos 11 y 12 de inmediato y de inmediato. Nunca hice eso, que fui de compras. La única vez que tuve que respirar fueron las veces que ella venía de un hospital a otro, solo tuve que visitarla como una hora, porque allí no había nada más. Me resultaba cada vez más difícil hablar con ella porque no veía ninguna perspectiva. En los hospitales individuales, creo que ella "visitó" casi todos los hospitales de Viena, pero los mantuvieron por un máximo de 10 días, porque físicamente no pudieron encontrar nada y en lo que a la psique se refería, nadie podía ayudarla. .

Ahora mi querido hermano, con quien, como dije, no tuve contacto durante unos 20 años, tuvo la gloriosa idea de incapacitar a su madre. Para hacer esto, fue al tribunal de distrito responsable y presentó la solicitud. Mi opinión sobre esto era que ciertamente todavía estaba cuerda, incluso si ya estaba en camino de volverse loca. Entonces, una noche, después de una notificación previa, un abogado del tribunal de distrito vino a nuestro apartamento. Mi madre y nosotros dos hijos estuvimos presentes. Al principio le planteó sus preguntas a mi madre, quien las respondió correctamente, pero luego mi hermano, que había hecho la solicitud, recibió una instrucción bastante sólida por parte de este abogado. Dijo que la mujer estaba completamente cuerda y por qué había hecho la solicitud, que por supuesto no pudo responder. Por tanto, esta solicitud fue rechazada. Hasta ese momento, mi relación con mi hermano seguía siendo razonablemente educada y objetiva. Después de eso fue cada vez peor, hasta e incluyendo ataques físicos de su parte en presencia de nuestra madre. En septiembre de 2010, volvió a caminar por el apartamento durante el día y se cayó en la sala de estar. Estaba fuera de casa en ese momento. En ese momento tuvo una ayuda a domicilio tres veces al día durante unos 4 años, porque yo no siempre estaba ahí y como resultado una caja fuerte para llaves en la entrada del apartamento, porque por supuesto también se utilizaron los servicios de ayuda a domicilio y de rescate. . Además, tenía una pulsera con un botón de emergencia que podía usar si era necesario. Así que ese día llegó el rescate, quien también me informó que algo le había pasado a mi mamá, y también entraron usando la caja fuerte de llaves. Luego la llevaron al hospital, donde se descubrió que tenía una costilla perforada en los pulmones cuando se cayó en el apartamento. Ahora condujo de nuevo al hospital más cercano y habló con el médico jefe del departamento. Me preguntó si mi madre sería atendida las 24 horas del día después de que fuera liberada. Pero tuve que responder esta pregunta con un no, porque estaba agotado física y mentalmente no solo por eso, sino también por mi adicción. Habría que avisar con anticipación que inmediatamente después de la muerte de mi padre en marzo de 2066, mi hermano había solicitado un lugar en una residencia de ancianos para ella. Habría sido más fácil para él que verla en una casa un mes después.

Cuando, después de aproximadamente 2 años, recibí una promesa para la casa en el distrito 20, conocí esta casa por dentro y por fuera, y ella me atormentó con la decisión de qué hacer: ir a la casa o no. En este sentido, cabe señalar que esta casa se encontraba en uno de sus entornos familiares y, dado que no lleva mucho tiempo en su lugar, también es muy hermosa. Mi argumento fue que sería su propia decisión y que no la aconsejaría ni desaconsejaría. Mi hermano, por supuesto, la convenció de inmediato para que ocupara el lugar. Después de algunas semanas y meses ella se negó. Ahora, como dije, ella estaba en el hospital y el municipio de Viena buscaba un lugar en una residencia de ancianos, que consiguió a fines de 2010 en una casa recién inaugurada en el distrito 22. Allí, en el octavo piso con ascensor, le dieron una habitación de unos 20 metros cuadrados. Por lo que pude ver, ella era una de las más jóvenes en ese momento, con 78 años. Había una sala común al lado de las habitaciones donde los internos se reunían para charlar o jugar.

Recuerdo haber dicho varias veces que debería salir de su habitación y hablar con los demás. Pero su paranoia o demencia estaba tan avanzada que no quería estar rodeada de gente, porque podían hacerle eso, como tuve que escuchar de ella en varios hospitales cuando veía personas con batas blancas y que querían hacerlo. algo para ella. Ella no permitió mi argumento de que solo se trataba de personal médico que quería ayudarla. El 2 de marzo de 2011, fui a su casa casi todos los días para visitarla. Ese día apenas estaba accesible, ni pude hablar con ella. Cuando conduje a casa, tuve mis presentimientos. Por la noche, como de costumbre, apagaba el celular, por la mañana, cuando lo volvía a encender, veía un mensaje de texto de la casa. Mi premonición se confirmó, se durmió plácidamente en los brazos de una enfermera esa noche. Ahora enterramos a nuestra madre en la misma tumba donde estaba mi padre. Ahora estaba solo en un apartamento de 75 metros cuadrados con mis pertenencias y un alquiler de poco menos de 500 €.

Mayo 2011 Neocathomenat

Mi relación con mi madre no era necesariamente la mejor en ese momento, pero ella estuvo ahí para mí incluso en mi infancia, aunque solo sea de manera limitada. Así que estaba en un pequeño dilema en lo que a ella respectaba. En un hermoso día de primavera a principios de mayo, estaba caminando por el Canal del Danubio con mi ropa vieja un domingo, luego me senté en un banco y comencé a escribir en mi teléfono celular. Como ya tenía una vista muy limitada en este punto debido al crecimiento de las cataratas, no vi demasiado. De repente, el sol que brillaba en mi rostro se oscureció. Cuando miré hacia arriba, había dos personas frente a mí a quienes apenas podía distinguir. Una mujer me preguntó si creía en Dios después de presentarse como Anna. También presentó a la segunda dama, pero ya no recuerdo su nombre. Tendría que enviarme con anticipación que habría evitado tal discusión en cualquier momento. Esta pregunta, que no quiero responder aquí, resultó en una conversación de media hora y al final me dijo: Te invitaré el próximo sábado por la noche a las 8 p.m. Anotaré el número de teléfono de Wolfgang por si surge algo mientras tanto. ¿Qué fue eso? Me invitan dos mujeres que son unos 10 años mayores que yo. También me dijeron que eran neocatólicos, parte de la Iglesia católica y no de una secta. Bien, ahora tenía un número de teléfono de un tal Wolfgang y una invitación. ¿Qué se supone que es? Ahora me acuesto en la cama todas las noches y reflexiono sobre esta invitación. Así que llegó este sábado y pensé que tenía dinero como ninguno y, por supuesto, tenía curiosidad por saber qué era. Entonces, como de costumbre, salí de casa antes y llegué al distrito 20 a las 7:30 p.m. Cuando entré al pasillo donde todo iba a tener lugar, vi a un hombre en el otro extremo de la habitación que estaba colocando sillas plegables. Cuando me vio en la puerta, se acercó a mí, me tendió la mano y me dijo que era Wolfgang. Sólo entonces me di cuenta de que debía ser un sacerdote, porque iba vestido de negro de arriba abajo. Cuando me preguntó mi nombre, me quedé un poco perplejo y comencé a tartamudear y dije: Mi nombre es Eduard. Este nombre se quedó conmigo por un tiempo, hasta que pude persuadirlo de que me llamara Edi. También me preguntó si podía ayudarlo a colocar los sillones, lo cual, por supuesto, estaba feliz de hacer. Ahora eran casi las 8 p.m. y esperaba que aparecieran algunas personas mayores, los 20 o más sillones estaban listos, así que me senté en uno de ellos. Entonces se abrió la segunda puerta de la habitación y entró una niña de unos 16 años con una guitarra a la espalda. Con el tiempo la habitación se llenó y descubrí que yo era uno de los mayores. Cuando todo comenzó poco después de las 8 p.m., por supuesto, tuve que presentarme, lo que nunca me había gustado hacer antes. Luego resultó que era una Eucaristía con dos lecturas y un evangelio de la Biblia. Todavía tenía en el fondo de mi mente que mi abuela, que era católica, a menudo me había llevado a misa en la Iglesia Católica durante mis días escolares y ya pensaba en ese entonces que no era nada para mí, todos los ancianos, rezar. y arrodillándome y rezando de nuevo. Pero fue un poco diferente y no solo los participantes. Las dos lecturas de la Biblia fueron preparadas y leídas por los propios participantes. Wolfgang, que se retrató a sí mismo como sacerdote, solo presidió y tuvo que leer el Evangelio y luego analizar todas las lecturas de un sermón. Nosotros, todos los participantes, también podríamos anunciar lo que nos hubiera dicho la lectura respectiva y eso de forma voluntaria. También me gustó que la guitarra no estuviera solo para mirar, sino que siempre se entonaba una canción entre las lecturas individuales, y todos cantamos junto con ella. Bueno, esto se completó alrededor de las 10 p.m. y me informaron que había una liturgia de palabras el martes siguiente a las 8 p.m.

Después de haber prometido algo sobre este tipo de feria, volví el martes. Luego me convertí en hermano de lo que entonces era la décima comunidad en el Neokathomenat, que también practiqué durante siete años y personalmente me aporté mucho. El proceso en esta comunidad era siempre el mismo, de 3 a 4 personas de este grupo tenían que preparar la respectiva liturgia o Eucaristía en una de las 3 a 4 personas unos días antes y luego presentarla ese día. No siempre fue fácil encontrar suficientes personas para participar. También teníamos un domingo comunitario cada uno o dos meses y aproximadamente dos veces al año un fin de semana comunitario en un hotel en la Baja Austria. Cuando llegué a esta comunidad en mayo de 2011, solo había existido durante medio año. Eso significa que no se conocían muy bien, pero eso cambió con los años, porque siempre se prepara con alguien más y así ve el entorno en el que se mueve. En ese momento, me hice amigo de dos hermanas, María y Giada. Maria nació en Polonia y estudió en Austria, Giada era una joven estudiante de intercambio de Capri / Italia, de unos 20 años. Había hecho mucho con los dos, pero Giada tuvo que volver a Italia en el verano de 2012 cuando ya hablaba un alemán perfecto. Lo que me conectó con María fue que ella se complació con mi adicción tanto como yo, pero no tan excesivamente.

Sentencia de prisión de abril de 2012

Así que el 10 de abril conduje con mis pertenencias al distrito 11 para comenzar mi sentencia de prisión, ya que cada vez eran menos. Esto fue precedido por el hecho de que dos meses antes tenía otra demanda de desalojo con fecha de ejecución, el 10 de mayo de 2012 en mi cuello. Así que tuve poco tiempo para desalojar el apartamento del distrito 20. María y mi colega, a quien vendré más tarde, fueron de gran ayuda para mí, ya que estaba detenido en ese momento. Cuando llegué al centro de detención, me registraron minuciosamente y luego me metieron en la sala cerrada en una celda de unos 10 metros cuadrados por parejas. Al principio me instruyeron sobre lo que debía y no debía hacer, así como también me informaron qué departamento había. Solo había una hora de caminata en el patio durante el día, si el clima lo permitía. Los primeros dos meses, por supuesto, tuve suficiente tiempo, hablar con mi compañero de recluso no siempre fue fácil, así que tomé la Biblia y la leí de principio a fin, a pesar de las cataratas. Después de dos meses, me trasladaron al sistema penitenciario relajado, donde se podía trabajar en el contexto del centro de detención. Había de 6 a 10 personas en la sala que habían trabajado en varios departamentos. Pero como soy una persona que disfruta de su libertad, me dejé trasladar de nuevo y acabé al aire libre. Eso significa levantarme a las 4:30 a.m. y conducir desde el distrito 11 hasta el cuartel en el distrito 14, donde me asignaron a trabajar en el jardín con otros presos. Dado que no era exactamente agradable estar de pie al sol todo el día en julio de agosto de 2012, anhelamos el final del trabajo a las 4 p.m. Después de eso, tuvimos que estar de regreso en el centro de detención a las 6 p.m. en punto. La confraternidad a la que me uní un año antes me brindó un gran apoyo durante ese tiempo. Esto se expresó en el hecho de que para todos y cada uno de los días de mi visita, tres de mis hermanos actuales vinieron a visitarme y me dieron consuelo. Como también tuve la oportunidad de pasar el fin de semana fuera de la institución con el departamento de actividades al aire libre, pude asistir a un domingo comunitario, entre otras cosas. Lo que también hubo que señalar aquí fue que todos mis familiares, incluidos algunos en forma de 4 primos y una tía y un tío, no se presentaron durante las horas de visita, ni siquiera quiero hablar de mi hermano. , porque sabía que estaba sentado. Además, mi hermana María se esforzó por reconciliarse con mis padres, porque la hice culpable de donde estaba ahora. Así que sucedió un domingo por la mañana cuando se me permitió salir para esta conversación a las 8 en punto. Bueno, sí, los dos estaban muertos, ¿de qué se supone que voy a hablar con las piedras? Pero como el cementerio estaba cerca del centro de detención, me bajé del tranvía y fui a la tumba. Al principio no sabía qué decir, pero luego creo que hablé con ellos durante media hora y al final, las lágrimas corrieron por mis mejillas. Cuando volví al tranvía, me sentí 10 libras menos. Desde entonces, he hecho las paces con mis padres, aunque solo fueran piedras y una mala palabra sobre mis padres saldrá de mis labios nuevamente, no tengo derecho a hacerlo, debería hacerlo mejor, pero parece que no ' Tampoco tengo éxito, al menos hasta ahora. Una mañana, cuando conducía de regreso al cuartel para ir al trabajo, me sucedió un accidente. Teníamos la opción de catering en el cuartel. Eso significa que pudimos desayunar, almorzar y de vez en cuando comida en forma de latas por la noche. Bueno, fui, como de costumbre, a desayunar a las 6:30 a.m. y comer un buen panecillo recién hecho. De repente noté que mi dentición superior estaba rota por la mitad. Así, por la noche en detención, hice arreglos para que me concedieran una visita al dentista, porque no me dieron la mordida. Yo también lo conseguí y tuve que quedarme en la institución ese día. Se debe enviar por adelantado que no tenía seguro médico durante mi detención y que los costos de cualquier tratamiento fueron cubiertos por el presupuesto del poder judicial. Así que acudí a un dentista que no era necesariamente el mejor, pero que había cobrado mucho al poder judicial por repararme los dientes. En el tiempo, ya lo había registrado, mi catarata empeoró tanto que al final solo tenía un 2% de vista. Eso significa que tuve que agarrarme al bordillo con la ayuda de mis pies. Fue la suposición errónea de que esta operación también podría realizarse mientras se encontraba bajo custodia, pero tuvo el ojo derecho para ser operado dos días después de la salida de la cárcel el 12 de diciembre y el otro una semana después.

Descartado el 10 de diciembre de 2012

Ese día me liberaron y ahora estaba en la calle con unos 700 €, una visión del 2% y mis miserables pertenencias y sin un techo sobre mi cabeza. Pero como un hermano llamado Werner me había ofrecido pasar a su gabinete en el octavo distrito mientras estaba bajo custodia, acepté con mucho gusto. Solo dijo hasta que encontré algo. Como ahora tenía demasiado dinero en el bolsillo, naturalmente me picaba, no tuve esa apariencia durante la detención, aunque probablemente se habría basado en el tiempo. Así que sucedió como tenía que ser, seguí jugando de nuevo y después de un rato el hermano Werner me preguntó cuánto había avanzado mi búsqueda de apartamento. Después de ver que no le había puesto demasiado celo, con razón me dio un ultimátum. Eso también lo dejé pasar, y por eso tuve que solicitar al municipio de Viena un asilo para personas sin hogar, que también conseguí en el distrito 16 junto con un segundo en una habitación de 20 metros cuadrados. Según mi imaginación, había imaginado que no tendrías que pagar nada por ello, pero fue un error. Ciertamente no era el monto del alquiler, pero al menos eran 160 €, que pude pagar al principio. Pero con el paso del tiempo eso ya no fue posible. Entonces, a pesar de los asesores sociales, se vieron obligados a sacarme de la casa nuevamente. ¿Ahora que? Mi patrón y amigo Kamal se ofreció a alojarme en el sótano de su negocio, sin sanitario ni agua, ya que el año ya estaba avanzado y el invierno estaba a la vuelta de la esquina, tuve que aceptarlo, claro, sin el conocimiento de la otra casa. fiestas. No estaba solo allí, también tenía mascotas en forma de ratones que me cruzaban la cara a veces durante la noche cuando dormía. Ese fue probablemente el momento en que pensé al menos una vez a la semana para qué estaba viviendo. No había logrado nada, al contrario, lo arruiné todo, a los 11 años tuve que mentirle a mi hijo que tenía que trabajar en Berlín y por eso solo lo llamaba una vez a la semana desde la prisión. Mis pensamientos suicidas ya eran muy extremos en ese entonces. Por supuesto, mis hermanos y hermanas de la comunidad también sabían de toda la miseria, pero tampoco podían ayudarme, incluso si eso llegaba hasta el catequista.

24 de diciembre de 2014 final

Ahora era Navidad, como los años anteriores. Dormía en el sótano, tenía mascotas conmigo y 20 € en mi billetera. Todavía quedaban algunas provisiones, porque con el tiempo pude vivir con 6 € al día para comer y fumar. Bueno, qué haces con este dinero, vas a la siguiente sala de juego y la cantidad se ha ido. En este momento se decidió en el municipio de Viena que el juego de azar pequeño se suspendería el 1 de enero de 2015. Significa que todas las máquinas que alimenté durante más de 30 años se apagaron, pero solo en Viena y no en la Baja Austria. Bueno, llegó el año nuevo, no había más máquinas en Viena y el dinero estaba de vuelta en mi bolsillo. Ahora tuve la oportunidad de subirme al tren, conducir hasta un suburbio de Viena y seguir comiendo estos cubos. Pero ese no fue el caso, por qué todavía no puedo explicarme a mí mismo hasta el día de hoy, pero de todos modos no lo cuestionaré con seguridad. En otras palabras, después de unos buenos 30 años y las dificultades resultantes, me curé de esta adicción el 24 de diciembre de 2014. Desde ese día no volví a tocar una máquina.

Por supuesto, no pude responder lo que había apostado con el tiempo, pero supongo que ciertamente fue una cantidad de 7 dígitos. En otras palabras, yo había pagado mis impuestos a través del impuesto a las ganancias y las ventas con mi trabajo y eso no muy estrictamente, al menos por mi parte, pero no puedo juzgar si esto terminó en las respectivas oficinas como la oficina de impuestos y el municipio. Fue interesante que cuando tuve mi residencia forzosa en 2012, no tuve que jugar y apenas en libertad, se repitió. ¿Cómo te fue ahora? En febrero de 2015 volví a buscar un lugar en el refugio para personas sin hogar y lo conseguí inmediatamente en el distrito 16. Ahora todo sucedió en rápida sucesión. La trabajadora social que me atendió me presionó mucho para que me asignaran un apartamento comunitario. La tarifa por la plaza en los € 160, - ya no era un problema, por lo que se pagaba con regularidad. Como ya hice una aparición en enero de 2013 con respecto a un apartamento comunitario, realmente no esperaba que funcionara esta vez. En 2013 me pidieron que confirmara mi registro y contratos de alquiler de los últimos tres años. Pude hacer eso con la confirmación del registro, pero, por supuesto, no pude proporcionar un contrato de alquiler. El argumento de que yo era ciudadano austríaco y nací en Viena tampoco ayudó. Estaba tan furioso en ese momento que me dejé llevar a la declaración de que este aviso negativo me debe ser emitido, porque necesito este papel para un lugar determinado. Bueno, de nuevo. La trabajadora social de esta casa me pidió que depositara una cierta cantidad en la casa mes tras mes para tener dinero para el apartamento cuando saliera de la casa. El 1 de julio de 2015 recibí un pequeño apartamento de 36 metros cuadrados en el distrito 20, donde todavía vivo hoy. Pero como casi no tenía muebles, tuve que comprar de todo, desde cocinas empotradas hasta armarios. Como el apartamento está en el quinto piso, un compañero de habitación del refugio para personas sin hogar me ayudó. Lo que estaba pasando, la adicción al juego se había ido, tenía mi propio piso, donde no hay atrasos en el alquiler hasta la fecha y sobre todo de repente tenía más de 10 euros en mi billetera. Fue una sensación maravillosa y nada ha cambiado hasta ahora. En otras palabras, me di a la vida, lo que era cuando era jugador, no necesariamente lo asignaría a eso.

<u>Febrero de 2016 vida normal</u>

A principios de 2016, una postal revoloteó en mi buzón. Leí esto y descubrí que era un portal en línea donde puedes registrarte gratis. Después de que fue gratis, también lo hice. Todo era un sitio web con un buen centenar de grupos diferentes, según sus intereses. Como siempre he sido una persona curiosa, miré los grupos y encontré de 4 a 5 grupos que me hablaron. En dos de estos establecí actividades, entre otras, en clubes 50+ y clubes 60+, que también correspondían a la edad de los miembros. Ahora Helmut, el administrador del grupo 60+ Treff, organizó visitas a restaurantes cada dos semanas a las 6 p.m. de la noche. Cada vez en un restaurante diferente. Como no sabía nada de eso de mi pasado, siempre fue un placer para mí comer bien allí y chismear durante aproximadamente 3 a 4 horas con las 8 a 10 personas presentes allí. La otra reunión del grupo 50+ fue un desafío para mí desde el principio. El administrador escribió, Olvidé mi nombre, nuevamente cada 2 semanas los viernes por la noche a las 6 p.m. una reunión en un puesto del mercado en el tercer distrito. En este grupo, sin embargo, la atención no se centró en la alimentación, sino mucho más en la sociedad. Sin embargo, dado que estas reuniones no se organizaron de manera óptima, solo un puñado asistió a estas reuniones, pero no se pudo hacer mucho más, no había espacio para más en este stand. El administrador Helmut del grupo 60+ Treff hizo esto con mucha más precisión hasta su muerte en 2019. Siempre llevé a mi amigo Roman a ambas reuniones porque estaba soltero en ese momento, pero volveré con él más tarde. Como dije, no había mucho que hacer en el grupo de 50+, así que tomé la iniciativa de poner reuniones en línea cada 2 semanas a través de este grupo. El grupo tenía alrededor de 100 miembros en ese momento, así que anuncié una reunión en un restaurante y no en un buffet de puestos del mercado en el portal. Al principio había quizás de 7 a 8 personas de este grupo y, por supuesto, el enfoque principal no estaba en la comida, sino en la conversación y las conversaciones. Fue interesante que en todos y cada uno de ellos había constantemente más mujeres que hombres presentes cada 2 semanas. Eso significa que a veces sucedió que Roman y yo éramos los únicos hombres. Pero después de que me encantara rodearme de mujeres, lo que también fue una experiencia nueva para mí, recibí a las mujeres en consecuencia. Eso significa besar a izquierda y derecha, donde luego me di cuenta de que esto tenía un impacto en la calidad de la conversación que siguió. Fue un poco engorroso al principio, pero con el tiempo acudieron cada vez más a estas reuniones. El número de integrantes de este grupo también aumentó de manera constante, hasta el final con unos buenos 500 integrantes. Como no era el administrador de este grupo, por supuesto hubo hostilidad hacia otros miembros de este grupo, entre otras cosas con el argumento de que se trataba de un intercambio de socios, que volví a colocar en el sitio web con los comentarios correspondientes. En 2018 y 2019 tuve la idea de que no necesariamente tienes que ir a un pub, sino que también hay cultura y deportes ligeros. Estas reuniones no fueron necesariamente aceptadas por los miembros. Era cabaret, bolos, billar o minigolf, así que nada de lujos. Solo de 5 a 6 personas asistieron a tales reuniones, así que regresé a las reuniones locales. Cuando llegó la pandemia en 2020, tuvimos nuestra última reunión en el tercer distrito en febrero. Unos meses más tarde, Pamela me informó que ya no podía encontrar el grupo 50+ Treff en el sitio web. Pero como tales reuniones no podían tener lugar con Lockd0wn y otras restricciones, no me di cuenta de este hecho. Investigué y tuve que descubrir que tanto el grupo 60+ Treff, que sin embargo no tuvo actividades después de la muerte del administrador, como el grupo 50+ Treff y sus miembros habían sido eliminados de esta página. El trasfondo era, y se hizo evidente algún tiempo antes, que el software (supuestamente Ubuntu) detrás de él se había bloqueado y se había instalado un nuevo software a través de este sitio web. Como ahora me considero un programador, escribí a esta empresa, los propietarios de este sitio, unas 2 veces para averiguar qué habría pasado allí. La respuesta fue que algunos grupos antiguos ya no se podían restaurar. Por supuesto, también comenté que esto podría muy bien hacerse, pero también con un enorme gasto de tiempo, porque los datos deben estar disponibles, solo hay que leerlos y agregarlos al nuevo portal.

Eventos de baile de otoño de 2015

Mi amigo Roman, a quien conocía desde hacía varios años, una vez me preguntó si podíamos ir a bailar a la Asociación de Pensionistas de Viena un sábado, lo cual hicimos entonces. Y así fuimos a bailar todos los sábados por la noche, ya sea en el distrito 2 o en el distrito 20 hasta que llegó la pandemia en 2020 y, por supuesto, no hubo más eventos. No era un jubilado en ese momento, pero qué diablos, me gustó, aunque no sea bailarina profesional (caso desesperado).

Familia Bueno, sí, probablemente tuve eso durante unos 10 a 11 años, pero cuando fui al internado, la relación debió haberse deteriorado, porque allí, quisiera o no, el 90% de mis decisiones tenía que tomarlas solo. Al hacerlo, casi nadie estuvo a mi lado con consejos. También es cuestionable si lo habría aceptado o no. En mi infancia tuve una buena relación con mis 3 primos los fines de semana, que son un poco más jóvenes que yo, con el cuarto solo tuve contacto dos veces, por solicitud propia. Eso significa que vi a las 3 chicas en el distrito 11 casi todos los fines de semana. En cuanto a mi hermano, fuimos un solo corazón y un alma durante unos 16 años.

Eso cambió cuando dijo que ahora tenía que tener una esposa. Cuando tenía entre 30 y 35 años, exigió su herencia en efectivo a sus padres en Baja Austria mientras yo estaba allí. El trasfondo era que ahora estaba casado y tenía dos hijas y dijo que tenía que construir una existencia aquí y ahora en Alemania. Dado que este pedido se expresó con fuerza física, se "despidió" durante unos buenos 20 años. No tuvimos contacto con él hasta poco antes de la muerte de nuestro padre. Incluso hoy no tengo ningún contacto con él y no sé dónde vivimos, ni de él ni de mí. En cuanto a mi hijo, que ahora tiene 20 años, déjeme decirle que en 2012 no pude decirle que estaba detenido, pero tenía que trabajar en el extranjero, tenía 11 años en ese momento. Mi pareja y yo estábamos de acuerdo en esto, tenía una buena relación con él, al menos hasta que me vi obligado a quedarme en el distrito 11, aunque solo fuera el fin de semana. Sin embargo, dado que en mi opinión fue informado por un querido familiar de mi expareja donde realmente estaba en 2012, a pesar de varios intentos desde abril de 2018, no he tenido ningún contacto, la última vez que lo vi fue el 15 de julio. 2017. La relación con mi madre fue en realidad solo una buena en los primeros años de mi vida, pero como éramos personajes muy diferentes, eso cambió a más tardar con el internado, pero eso no cambió el hecho de que yo estaba de pie. por ella en los últimos años de su vida. Pero lo que me impactó mucho, y que todavía me preocupa hoy, fue que nunca pude hablar con mi padre y probablemente él tampoco podría hablar conmigo.

Amigos

A lo largo de los años, ciertamente he tenido varios amigos que estoy tratando de clasificar aquí, aunque no tengo realmente derecho a ello, pero como dije, así es como lo veo. Entre mis mejores amigos estaban ciertamente los de la Baja Austria, a quienes Ya lo supe cuando tenía 12 años aprendí. Sin embargo, dado que se extendieron por toda la provincia de Baja Austria, la amistad terminó después de unos 15 a 20 años. En cuanto a mi amigo vienés, todavía no sé por qué nunca me impidió caer en la adicción al juego. Pero me gustaría darle el crédito de que no hubiera podido hacerlo. En 2005 o 2006 tuve problemas con mi PC de pie en el taller y, como el dinero solía ser escaso, busqué una reparación de computadora, que también encontré en el distrito 20. Allí llegué a un sótano a dos calles. Cuando vi a la persona llamada Kamal, me di cuenta de que tenía que ser un árabe y me dirigí a él de esa manera, ya que había tratado con estas personas durante años. Respondió a mis palabras en árabe y también dijo que nació en Alejandría pero que ahora es ciudadano austriaco. Uno o dos años más tarde se mudó dos calles a un restaurante en la planta baja, donde fui empleado por él algún tiempo después, él es responsable del hardware y yo del software. Fue él quien me ofreció refugio en el sótano el año que no tuve ninguno. Aproximadamente un año después, un señor un poco mayor entró en nuestra tienda en el distrito 20, resultó ser 20 años mayor que yo. Dijo que tenía problemas con su propio sitio web, ya que el software fue adaptado, ya no sabía cómo moverse y quería agregar algunas cosas. Me gustaría ver lo que hice en el acto. Allí encontré un sitio web bastante grande en el que había trabajado él mismo durante años, y leí mi camino hacia ese sistema. Finalmente, finalmente pude solucionar los problemas de conversación que tenía con el nuevo sistema. Una amistad que se desarrolló a partir de ambos encuentros, que continúa hasta el día de hoy y que tampoco me querría perder. Sí, se hicieron conexiones desde los grupos de más de 60 clubes y más de 50 clubes, pero se desvanecieron nuevamente con la pandemia.

Asociaciones

La primera asociación con mi colega en el centro de investigación me decepcionó un poco, ya que estaba un poco desairado porque ella me había obligado a mí y a un niño a mudarnos bajo el mismo techo que sus padres, por lo que su padre me aceptó muy bien, pero su esposa ¿Quién tenía que saberlo todo me molestó un poco? En cuanto a mi segunda esposa en mi vida, ella fue indiscutiblemente la mujer de mi vida, de lo contrario la sociedad no habría durado más de 20 años. Que se rompiera, a pesar del hijo de 8 años en ese momento, es 95% por mi culpa Solo me enteré después de que nunca hablamos de nosotros mismos y nuestros problemas y luego, como hicimos después de la ruptura, fue demasiado tarde. Quizás eso hubiera cambiado algo si hubiéramos hablado antes. Yo no sé. Dado que se dijo que el grupo 50+ Treff era una especie de portal de socios desde el principio de mi trabajo para este grupo, sucedió como tenía que ser. Fue un viernes antes de Pentecostés en 2017, 8 años después de que Britta de Baja Austria se separara de mí. Tuvimos una reunión allí una vez más en un bar y su pub jardín. Fui como de costumbre con mi amigo Roman. Entonces Pamela, miembro del grupo Treff 50+ y un año más joven que yo, vino y se sentó entre Roman y yo. En el transcurso de la noche se desarrolló una conversación única entre Pamela y yo y hablamos y nos reímos un poco, de modo que ya no me di cuenta de los otros participantes. Como resultado, noté que cada vez que teníamos algo de qué reírnos, ella me daba una palmada en la parte superior del brazo o en el muslo con una bofetada. Me había registrado bien, pero ahora qué, porque no fui el más valiente en ese sentido. Pero me armé de valor y le pregunté si no podíamos encontrarnos en algún lugar el sábado de Pentecostés para dar un paseo, lo que también hicimos al día siguiente. Me caí de las nubes y fui al día comunitario de mi comunidad el domingo de Pentecostés- Pero como siempre fue costumbre en esos días, después de una breve oración, hablar sobre el camino y las propias experiencias con él, y eso en frente de unas 20 personas, voluntariamente, claro, así que después de un tiempo comencé. Como dije, tenía 57 años y había hablado con Pamela por teléfono antes de entrar al edificio. Entonces dije que padecía una enfermedad incurable que podía afectar a cualquiera y otras floridas declaraciones de mi parte. Miré a mi alrededor y, a excepción de las caras angustiadas, no pude distinguir nada. De que estaba hablando Bueno, claro que hubo preguntas y afirmaciones, como: estás hablando como un chico de 16 años y uno de los presentes, un estudiante de 22 años, me preguntó: Edi estás enamorada, que claro No lo puedo negar. Un mes después, el 15 de julio de 2017, imaginé que Pamela y yo éramos pareja, fui a ver a mi hijo a Baja Austria por última vez, que no sabía en ese momento. Como pronto se dio cuenta de que estaba sobreexcitada, le confesé que había una nueva mujer en mi vida y también le mostré una foto de ella, de lo que me arrepiento después. En ese momento Pamela ya estaba curando en Estiria. Cuando regresó, descubrí que otro miembro del grupo Treff 50+ la había seguido en este balneario y Pamela me había llevado. Dado que este hombre no era necesariamente sociable, esta asociación entre Georg y

Pamela fue solo temporal. Bueno, hubo más reuniones y en agosto de 2018 se llevó a cabo una reunión en un Heuriger en el distrito 19. Algunas personas de este grupo, así como yo, habían comenzado un grupo en Whatsapp y nos enviaban fotos de ida y vuelta por todo el lugar. Así que este viernes, una nueva mujer entró en el grupo, llamada Anna, nativa de Polonia y agradable de ver. Ella podía reír con ganas, lo que me impresionó mucho. Ella también se unió a nuestro grupo en Whatsapp y luego siguió aportando contribuciones divertidas, lo que le dio un impulso a este grupo. Un día de septiembre de 2017 publicó que las uvas del distrito 22 estaban maduras y que alguien de este grupo no podía ayudarla con la vendimia. Ella había reservado un día para esto el próximo fin de semana. La respuesta a esto fue cero. Entonces pensé, por qué no, ir a leer uvas y hacer una cita en el distrito 22. Realmente encontré muchas uvas que recolectamos durante el día y luego procesamos en almíbar y jugo por la noche. Pero como nada "se escapó" un sábado por la noche, pasó el tiempo y nos convertimos en pareja ese día. A mediados de octubre, después de un mes de asociación, dijo que se sentiría más cómoda si la dejaban sola, lo cual tuve que aceptar. Bueno o no, eso también se rompió, pero siempre hubo reuniones en el grupo y así en noviembre de 2017 en el distrito 3. Allí éramos unas 20 personas, donde tuvimos algunos problemas de espacio en este restaurante. Cuando todo terminó alrededor de las 9:00 am, nosotros, Roman y yo, salimos a la calle donde dos mujeres, llamadas Tine y Julia, estaban paradas. De repente, Tine preguntó: ¿Qué hacemos ahora? Estaba un poco perplejo porque no esperaba tal pregunta de una mujer. Bueno, entonces fuimos a un café cercano y nos quedamos allí alrededor de una hora. Luego, Tine se enteró de que yo estaba ocupado con las computadoras y me dijo si podía solucionar el problema con su computadora en su casa, lo que asumió después de dar su dirección en el distrito 14. La mujer era unos dos años mayor que yo y no necesariamente delgada. Esta reparación de la computadora o esta visita se convirtió en más, aunque no necesariamente me gustó la apariencia. La mayor parte del tiempo lo pasé con ella y con ella. Tenía un apartamento nuevo, pero aparentemente no se sentía como en casa allí, por lo que yo sabía, porque siempre tenía que salir a hacer algunas compras o simplemente ir a algún lado, era una conductora apasionada. Durante este tiempo me bañó con ropa y otras cosas, y siempre había pagado en el pub. Cuando le pregunté que no quería eso, porque tenía suficiente ropa en mis cajas mientras tanto, estaba un poco nerviosa. Así que un fin de semana se dirigió a su hermana en el Burgenland más profundo y llamó desde el coche en el camino. Para mí, eso fue lo que rompió el cañón. Ella había decidido todo sin consultarme y dijo que podía comprar mi amor con montones de regalos. Así que este episodio también terminó. En el verano de 2018, Roman y yo fuimos a bailar al distrito 1, ambos solteros, conocíamos el evento desde hacía mucho tiempo y, sobre todo, los dos organizadores. Cuando llegamos, apenas quedaba espacio, así que ambos tuvimos que sentarnos en una mesa donde ya estaban sentadas dos mujeres. Uno se llamaba Graziella (padres en parte italianos) y, lamentablemente, no recuerdo el nombre del segundo. Ahora que estábamos sentados en la misma mesa, también tuve que invitar a las mujeres a bailar, así que Graziella y yo pronto estábamos sentados uno al lado del otro y ella me dijo que tenía problemas con su PC. Ya conocía bien la discusión y Graziella era mucho mayor que yo, pero aún así confirmó que la vería en su casa en el distrito 16. Allí también fue el mismo resultado que con Tine, nos juntamos. Tenía un contrato de arrendamiento a largo plazo en el distrito 17 con una pequeña casa en el jardín correspondientemente grande, donde uno no podía moverse fácilmente frente a una gran cantidad de plantas y árboles. Además, tenía vides sobre la azotea, donde también cosechamos las uvas y luego las procesamos, nuevamente una experiencia ajá. Dado que no solo era posible moverse con dificultad en el jardín, esto también se aplicaba al interior de la casa y, finalmente, a su apartamento. Por tanto, la asociación fue limitada en el tiempo. Yo mismo no soy exactamente un tonto de la limpieza, pero me gustaría poder moverme en una habitación, de todos modos estaba bastante apretado en 2012. A principios de noviembre de 2018, un sábado por la mañana después del desayuno dejé esta conexión en un apurarse. Caí en un agujero profundo en este punto porque tenía que preguntarme qué estaba haciendo mal. 4 mujeres y con todo el mundo no funcionó, ¿fue mi pasado, fue mi "riqueza"? Bueno, hubo otro evento de baile a fines de noviembre, un sábado 24 de noviembre de

2018. Mi amigo Roman me convenció para que fuera a este baile en el distrito 2. Pero no me apetecía. Al final, finalmente me llevó tan lejos. Nos sentamos en una mesa con unas 8 personas. Frente a mí vi a una mujer rubia que, en mi opinión, estaba en compañía de un señor mayor. No había bailado mucho esa noche de 6 p.m. a 9 p.m. con música en vivo. Hacia el final, la dama en cuestión volvió a la mesa y nos dijo a Roman ya mí si no queríamos bailar allí en absoluto. No entendí muy bien esta declaración y, por lo tanto, no reaccioné. Roman inmediatamente se levantó de un salto y fue a bailar con ella. Ahora este evento había terminado y nos dirigimos al guardarropa. De repente, esta mujer, llamada Ully, estaba parada a mi lado y me preguntó: ¿Vas conmigo y con eso me refiero a Roman y a mí? Después de que fuera sábado por la noche y tampoco demasiado tarde, no me importó ir conmigo y se lo dije a Roman. Él también estuvo de acuerdo y así, después de una larga búsqueda, unas 8 personas terminaron en un bar del distrito 1. Antes de ir al guardarropa, le dio a Roman su número de teléfono celular, que solo registré marginalmente. Bueno, ahora nos sentamos a Ully a mi lado en este bar y Roman dio una conferencia sobre chamanismo y energía. En el transcurso de la velada resultó que Ully no había venido con el anciano, sino con su amiga Monika. Tan pronto como registré esto, me sentí un poco avergonzado, lo cual me gustó la dama. Ahora Roman tenía su número, pero no podía pedírselo. Así que tomé una tarjeta de presentación del restaurante y escribí mi número de teléfono en la parte de atrás. Cuando salí del restaurante le di esta tarjeta, que lamentablemente Roman también notó. Así que estaba en la cocina del diablo y Ully tenía dos números de teléfono celular de Roman y yo. Al día siguiente, domingo, esperé a ver qué estaba pasando. No pasó nada en la mañana, pero a las 2 en punto el celular estaba y Ully estaba en la línea. Me preguntó si ni siquiera podíamos ir a tomar un café. Mi respuesta a esto: Inmediatamente e inmediatamente, tiene una interrupción en la transmisión. Sí, todavía tiene que arreglar algo y me llamará en aproximadamente una hora. Pero no fue una hora, solo media hora y nos encontramos en una cafetería en el distrito 20. Luego fuimos al cine allí y como eso no fue suficiente, también fuimos a un salón en el primer piso. Le conté, como estaba acostumbrado, todo sobre mi vida pasada, lo que puede no ser necesariamente oportuno. De repente se volvió hacia mí y me besó en la mejilla. Somos pareja desde entonces, aunque hay una diferencia de edad de algunos años. ¿Por qué? Porque creo que ella es la mejor de las 4 mujeres anteriores.

Fin neocatólico

Cuando me uní a la confraternidad o al camino en 2011, estaba claro desde el principio que tomaría unos 30 años recorrer este camino. Ahora, en 2017, en este fin de semana de Pentecostés, tuve que expresar mis experiencias, lo que significa la interpretación de la asociación de esta manera y, por lo tanto, me puse un poco inquietante. Cuando mi hermana María de la comunidad se quitó la vida en abril de 2018, después de 7 años de pertenencia, decidí terminar el camino e hice lo mismo en mayo de 2018 en unas Vísperas de difuntos. Mi pensamiento al respecto fue que ya no podía estar de acuerdo con algunos argumentos en el camino. Esto, por supuesto, se aplica a la interpretación de las asociaciones, así como a cómo dar vida a la fe. ¿Soy ahora un creyente o no? Esta pregunta no puede y no quiero responder aquí, sobre todo, ¿puede ser el individuo el individuo mismo? Por mi parte, ahora trato de vivir la fe después de dejar la comunidad. Desde entonces todavía he estado en contacto con Dios, aunque esto solo se exprese en silenciosas oraciones con él.

Clientes Ciertamente, a lo largo de mi vida he tenido varios cientos de clientes a los que siempre he tratado con respeto y cortesía, sin importar si eran nacionales o extranjeros. En cuanto a la base de clientes en el momento en que vendía periódicos y revistas, tuve varias experiencias negativas. Como el 99% de ellos siempre fueron extranjeros, ni siquiera tuve que mirar mi dinero, ya que la gente se había ido a su país de origen e ignorado mis demandas. Mis clientes, a los que ya soy muy diferente en el sector informático, siempre se alegran cuando me llaman. Sabes que no descanso hasta que el problema se ha resuelto y eso puede llevar tiempo. Pero no recuerdo a un cliente de la época en que estaba creando software. Es un residente de Alemania, pero de una ascendencia diferente. Sus tres empresas incluyen una práctica dental, un laboratorio dental y un depósito dental. En otoño de 2010, su empleado del depósito dental vino a nuestra tienda. El trasfondo era que el programa de cálculo ya no funcionaba y me preguntó si podía arreglarlo. Dado que este hombre no tenía necesariamente conocimientos comerciales, descubrí que este programa ya no se podía guardar. Ahora me había dado cuenta de que todo consistía básicamente en tres empresas con una amplia variedad de enfoques. Así, como parte de nuestra empresa en el distrito 20, creamos una oferta para las tres empresas con contabilidad financiera y de inventarios, gestión de partidas abiertas. Gestión de call-off de clientes y proveedores y mucho más. Le presenté esto al jefe y él comenzó a aceptar partes individuales de esta oferta y a rechazar otras. Pero como siempre tuve la ambición de crear todo al 100%, ese fue también el caso en este caso, y por supuesto también con respecto al hecho de que se tomó la decisión de aceptar otra parte de nuestra oferta. Pero como el software no es estático, el programa se adaptó a menudo. Así que fui a su mayorista dental hasta cuatro veces por semana para hacer esto, cada vez para darle las gracias, y eso durante siete años. Dado que los empleados presentes no eran necesariamente comerciantes, no podían realizar el inventario anual. Eso significa que hasta el inventario en 2017, esto lo hice yo con la ayuda de las personas allí presentes. Pero como sé por mi experiencia comercial que algo así debería hacerse en un máximo de dos días, tuve mis dificultades al respecto. El último inventario se completó por etapas en dos semanas. Se acordó de antemano que la factura presentada por nosotros se pagaría tres veces. Pues se ha pagado el primer importe parcial con un importe de tres dígitos en euros, el resto sigue abierto. El argumento del cliente fue que mi programa no funciona, lo que fundamentalmente se contradice. Por un lado, el software funcionó a la perfección durante siete años y, por otro lado, todavía lo están usando hoy y también lo han estado usando durante tres años. Así que volvimos a un número de 4 dígitos. Incluso una carta de un abogado amenazando con una orden de pago no fue escuchada. En cuanto a mis clientes actuales, a quienes cuido como parte de nuestro negocio hoy, permítanme decirles que están completamente entusiasmados conmigo, porque saben lo que obtienen de mí. Por un lado, no se trata solo de una cita puntual, sino también de que el cliente se dé cuenta de que no me doy por vencido hasta encontrar una solución. Bien puede ser que lleve tiempo, pero también me alegro cada vez que veo que funciona.

Reanudar

Usted, como lector, puede pensar ahora que ha leído esto no es vida. Sí, podría serlo, pero como ya se mencionó, las únicas que tomé fueron mis decisiones, si eran correctas o incorrectas, siempre se puede determinar solo en retrospectiva. Entonces surge la siguiente pregunta, si soy feliz. Pero dado que esta es una evaluación puramente subjetiva, todos responderían esto de manera diferente. Yo estoy feliz. ¿Por qué? Cuando pienso en el momento de mi adicción, no fue realmente lo que se llama vida, así que me alegro de haber superado este período. Cómo lo hice en ese entonces todavía no está claro hoy, pero me alegro de haber pasado ese tiempo. No sé qué más me ha preparado la vida, pero en realidad no puede venir nada más que me estremezca.

© 2021, Eduard Wagner
Herstellung und Verlag:
BoD – Books on Demand, Norderstedt
ISBN: 9783755733041